图解趣味经济学

L'ÉCONOMIE
EN INFOGRAPHIES

图解趣味经济学

[法] 西尔万·巴利哈切　[法] 扬·坦佩罗　[法] 塞德里克·泰利耶　著　徐敬周　译

華中科技大學出版社
http://www.hustp.com
中国·武汉

有书至美
BOOK & BEAUTY

前言

我们每天都会作出各种决策，因此我们需具备一些经济及金融的基础知识。本书由多名从业多年的专业人士编写，书中阐释了重要的经济学数字、概念及原理，可以帮助读者更好地认识经济学。

各国政府都会发布国家经济报告，报告中往往简单地用GDP来反映国家的经济状况。为了帮助读者区分经济形势分析（短期）和经济结构分析（长期），我们将重点介绍经济周期的概念，并告诉读者一份仅以GDP为指标的经济报告的局限性（较为笼统的经济成长参数、忽视了对环境的影响等）。我们还将讨论一些大众固有的观念（“经济增长能带来幸福”“我们的钱在银行里睡觉”），并从多方面介绍长期经济增长。公民在消费或与公司协商薪资时，不能忽视物价上涨的因素。我们探讨通货膨胀的计算方法，了解引起通货膨胀的原因和它的利弊——各个经济参与者受到的影响都不同。通过对数据的分析，我们能判断采用欧元作为流通货币是否导致了通货膨胀（这是一个广为流传的观点！），并思考如何对中期通货膨胀进行预测。

公民参与国家或地方选举时，相当于在多个不同的经济方案中作出选择，因此了解它们的含义（而不是竞选广告所宣传的）十分重要。是否应该采用一味追求经济增长的政策？是否存在人人皆是赢家、能够准确预测结果的“魔法政策”？财政政策和货币政策有哪些不同？独立于各个财政机构的中央银行是为公民或市场服务的吗？它的具体作用是什么？

只有对政策的运行机制具有良好的认识，我们才作出谨慎、恰当的选择，这是编写“经济政策”这一部分的目标。国家的管理者试图通过经济政策遏制各类灾难的发生，其中，我们将重点介绍失业及不平等发展——对于后者，每个人都有所体会。如何计算失业率？失业面前，人人平等吗？为了回答这些问题，我们将解读不同部门发布的数据，并分析其原理。谈到就业市场和薪资，我们不得不谈论以下问题：为什么消除不平等如此重要？法国的顽疾究竟有多严重？我们还将探讨不同失业类型的应对方法，并分析为什么一些流传甚广的观念实际上可能产生副作用（例如，全面提高工资水平将带来经济增长和就业机会）。

储蓄能带来回报，当然也伴随着风险，因此，作出最佳的储蓄选择非常重要。合理的储蓄选择对促进经济增长率和就业率也大有裨益。金融市场的收益从何而来？为什么股价如此变化无常？我们将细数影响资产价格的各种因素。金融并不是一个封闭的体系，我们将把它与本书前面提到的经济和货币的运作机制联系起来，并着重说明国际市场对法国股市和汇率的作用，继而带领读者探索货币、债券、股票及外汇市场。这样，我们才能剖析一个重要的议题：为什么采用欧元？它运作地如何？我们希望这是一本具有教育功能的读物，其将复杂问题简单化，但并不等同于过分简化推导过程。

书中的信息图能帮助读者理解文本内容，但它们并不能取代各领域经济学家、财富管理专家用文字记录的观察。另外，我们必须指出本书的局限性：这一方面与经济学本身有关——经济学是一门科学，具有相当的复杂性，同时也是一门人文学科，其理论与实际之间存在一定的差距，因为人是系统的核心，而人的行为难以预测；另一方面，也与经济学的实践有关——本书是一本普及型读物，加上经济学涉及许多实际的方法，这限制了我们对书中的话题做出更为深入地讨论。

作者希望读者通过本书对经济体系有所认识，并对一些概念更加清晰，以便在决策时提出恰当的问题，并期盼他们进一步探索经济学！

目录

财富与贫富差距

金融

经济增长

1

经济增长

谁创造了经济？

经济运作中有以下几类参与者：家庭、非金融企业、金融机构、政府部门（国家、地方政府，社会保障管理机构）。经济和金融的全球化，指的是它们不仅在国内互相作用，而且跨越了国界，并通过商品、服务甚至资本的进出口，在境外互相作用，但是其参与者始终不变。

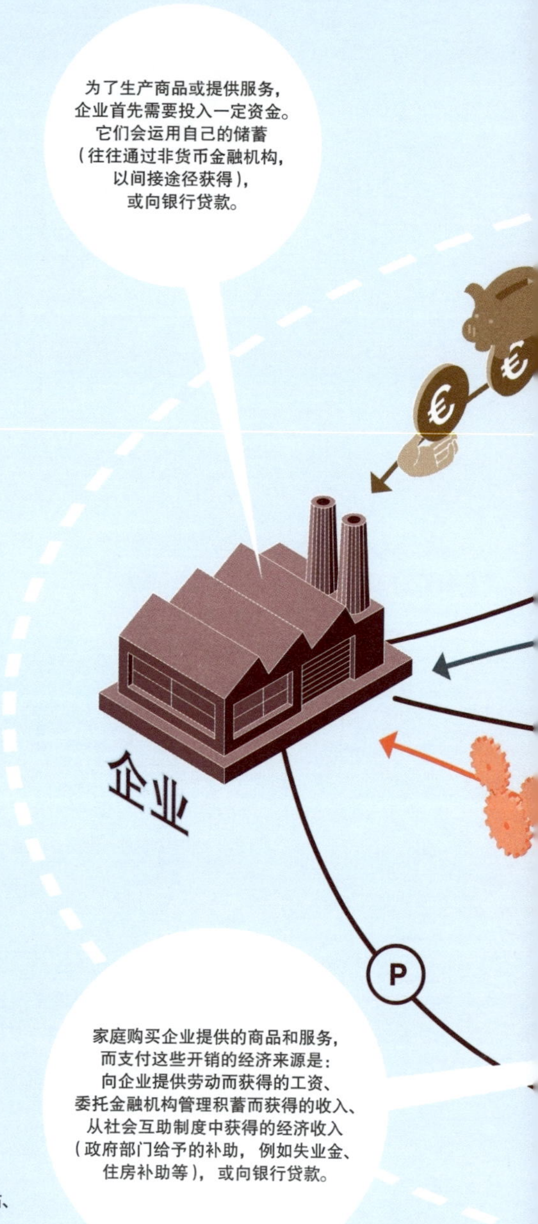

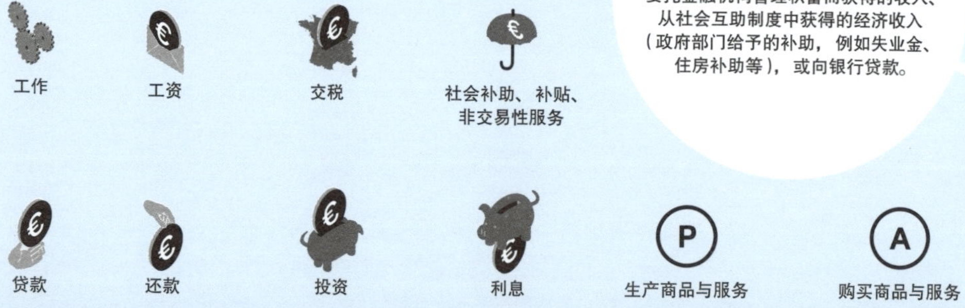

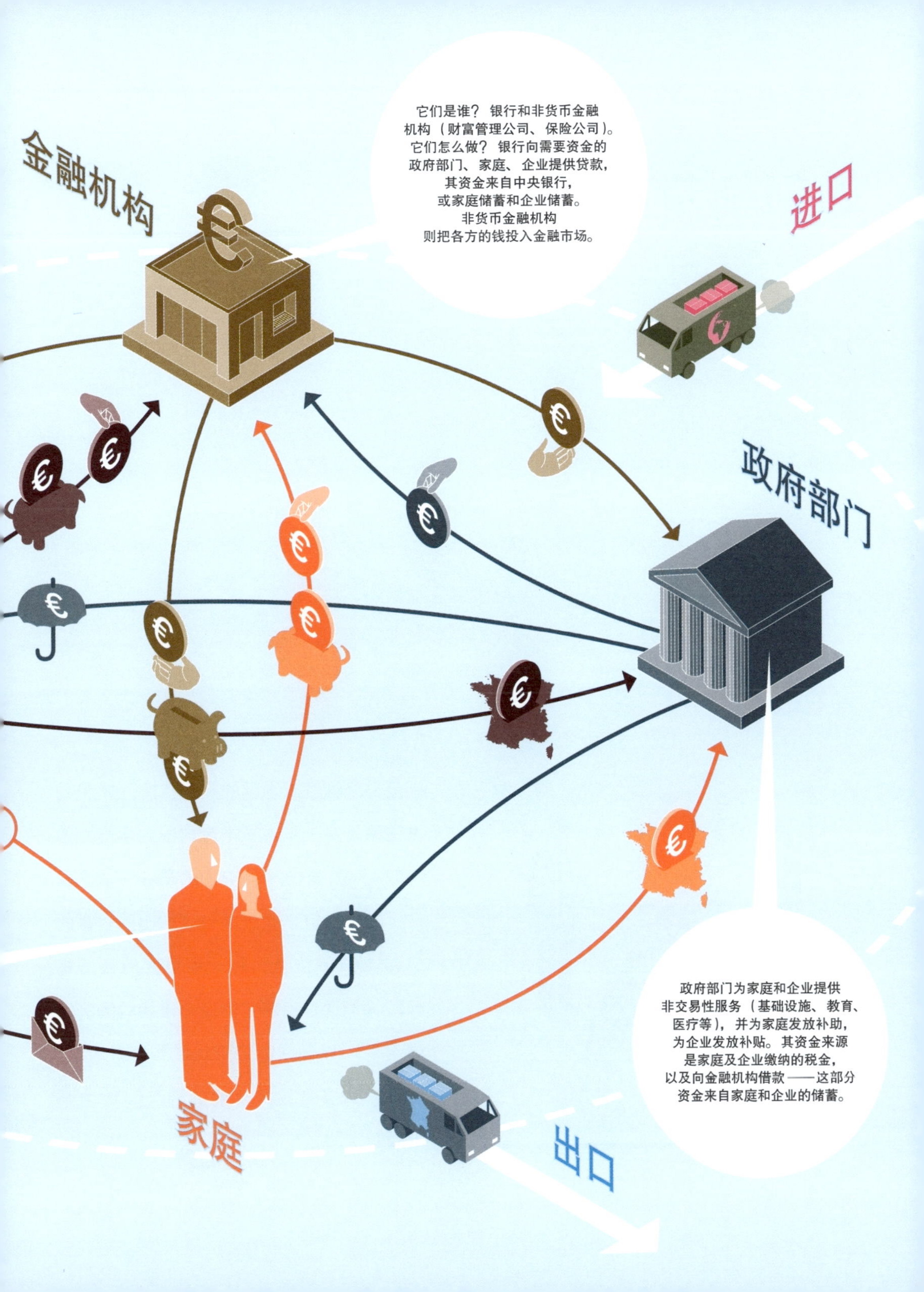
金融机构
它们是谁？ 银行和非货币金融机构（财富管理公司、保险公司）。
它们怎么做？ 银行向需要资金的政府部门、家庭、企业提供贷款，其资金来自中央银行，或家庭储蓄和企业储蓄。
非货币金融机构则把各方的钱投入金融市场。
进口
政府部门
家庭
出口
政府部门为家庭和企业提供非交易性服务（基础设施、教育、医疗等），并为家庭发放补助，为企业发放补贴。其资金来源是家庭及企业缴纳的税金，以及向金融机构借款——这部分资金来自家庭和企业的储蓄。

如何衡量经济增长？

衡量一个国家或地区的经济状况，常见的方法是计算一年或一季度内国内生产总值（GDP）的变化。GDP指的是在一个国家产生的增加值，也就是被创造出的财富的总和。GDP被认为是一项重要的经济指标，人们通过追踪它的变化来检验经济发展水平，以便判断经济是增长还是衰退。因此，大多数经济政策都是以GDP为基础而制定的。

法国GDP的组成（2016年）

（来源：法国统计局）

如何计算GDP？

经济增长有四个主要来源。

» 消费：个人或公共消费，主要来自家庭、非营利家庭服务机构，甚至政府部门。例如，购买一辆车、食物、金融服务等。

» 投资：个人或政府投资，既可以是企业（设备、房屋等）或政府部门（道路、桥梁等）的行为，也可以是家庭行为（购置新房等）。 ▶

什么是增加值？

GDP与GNP有什么区别？

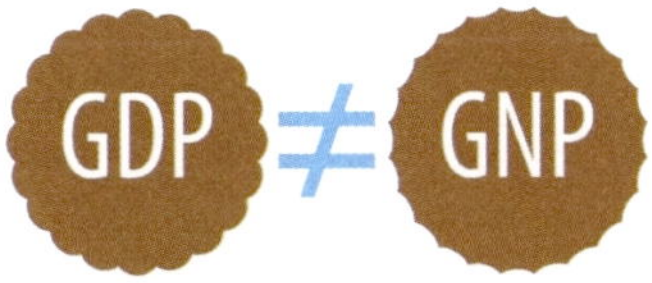

不能混淆GDP与GNP（国民生产总值）。当计算一个国家的GNP时，我们需要考虑企业的国籍，而不必关注其工厂的所在地——换言之，GNP指的是一个国家的企业创造的财富总和，无关乎该企业是否位于本国境内。换句话说，GNP不包括位于本国的外国企业所创造的财富。

不变价GDP（单位：10亿欧元）

（来源：法国统计局）

经济增长与衰退

GDP增长：
经济处于扩张阶段

GDP收缩：
经济处于衰退阶段

如何消费才能产生经济增长？

需满足以下条件：

- 比前一年消费更多；
- 消费一件未计入库存的物品（否则消费增长对GDP产生的正面作用，将与库存减少对GDP产生的负面作用互相抵消）；
- 消费一件非进口商品。如果该商品不在法国生产，那么当统计GDP时，它对消费的作用记作+1，对进口的作用记作-1，两者相互抵消，对GDP没有影响，并未为本国创造价值。

结论：

如果要对一个国家的财富和就业有所帮助，那么新增的消费必须出自在该国领土上生产的新商品（通常是劳务或工程建设）。

» 库存变动：库存指的是企业为了之后的生产或销售而储存的物品的量。库存增加会使GDP增长，因为它表明一项生产已经确定，财富将被创造出来，并最终会以商品的形式被购买、投资或出口。例如，面包店购买了一些面粉（↑库存，因此↑GDP），然后面粉会被做成面包，并被客人买走（↓库存，↑消费）。

库存变动、消费、投资三者组成了一个经济体的“内需”（即国内经济参与者的需求）。

» 净出口：商品和服务的出口额（对GDP产生正面作用，因为它来自于国内生产）和进口额（对GDP产生负面作用，因为它生产于国外）之间的差额。进口商品可以用来满足国内的需求，但有时也用于满足国外的需求（例如，用进口原材料生产一件商品，而它后来又出口至其他国家）。

实际GDP与名义GDP有何不同？

实际GDP指的是剔除价格变动（即通货膨胀）因素而得到的GDP数值。我们所说的GDP增长通常都经过了这样的调整，因为名义GDP无法反映出GDP的变化是来自真实的生产增长，还是由物价上涨造成的，更不可能知道两者的比例各占多少。

法国历年实际经济增长
（2010年不变价欧元）

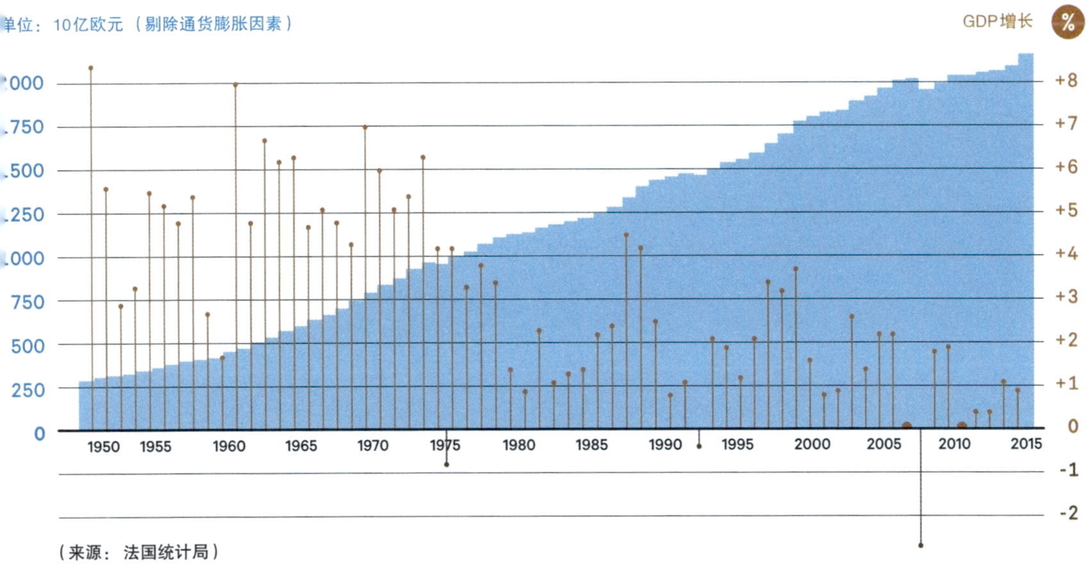

（来源：法国统计局）

1959年至1960年，法国的GDP从4180亿欧元迅速增长至4520亿欧元（不变价），增长了8.1%，增长率为正值。

2008年至2009年，法国的GDP从2019亿欧元下降至1960亿欧元，增长率为负数。

这就是为什么会同时存在按现价计算的GDP增长（即名义GDP）和不变价GDP增长（即实际GDP）。例如，2016年，法国的名义GDP增长为1.6%：假设2015年法国的生产值为100欧元，那么2016年为101.6欧元。但是如果换算成实际GDP，其增长为1.2%，另外的0.4%由价格效应导致。如果剔除价格上涨因素，仅计算实际生产值，那么从100欧元增长至101.2欧元。

购房就是经济增长吗？

只有建造新房屋才能产生财富，并计入GDP中；购买一套旧房只能作为不同家庭间的资产转移。

全球GDP如何分布？

了解全球GDP的分布，能帮助我们评估各国的经济实力。但是，要比较各国的GDP并不容易，因为各国公布的GDP都采用本国的货币单位（法国用欧元，英国用英镑等）。需要用统一的货币单位来表示GDP，以便比较不同国家的经济生产总值。

按购买力平价衡量的人均GDP

- ＞$ 75000
- $ 50000至$ 75000
- $ 35000至$ 50000
- $ 25000至$ 35000
- $ 15000至$ 25000
- $ 5000至$ 15000
- $ 1000至$ 5000
- ＜$ 1000

（来源：世界银行，2016）年

- 按购买力平价衡量的GDP
- 按购买力平价衡量的GDP排名
- 按购买力平价衡量的人均GDP
- 按购买力平价衡量的人均GDP排名

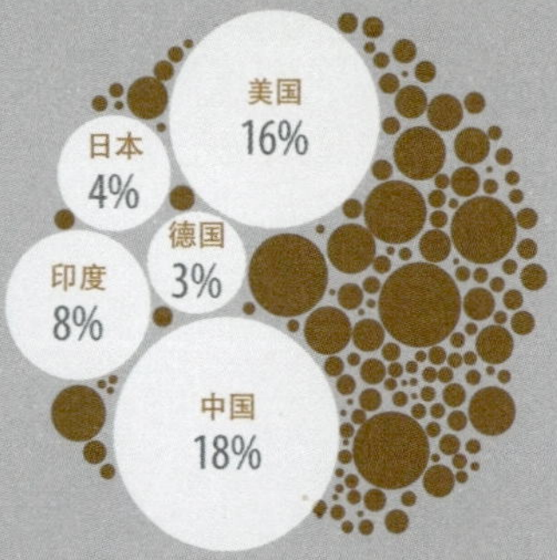

如果以购买力平价衡量，全球近50%的GDP来自以下五个国家：中国、美国、印度、日本、德国。

人均GDP

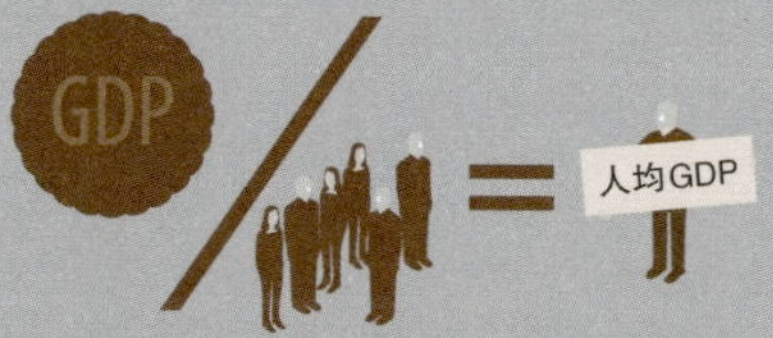

如何比较各国的经济生产总值?

有两种方法：

- 根据该国货币对美元的市场汇率，将GDP换算为用美元表示；
- 根据购买力平价汇率，将GDP换算为用美元表示。

采用不同的方法会得到完全不同的结果。例如，根据第一种方法，美国是世界第一大经济强国，而根据第二种方法，世界第一大经济强国就变成了中国。

然而，即使一国的GDP高于其他国家，也并不意味着它的国民更加富裕。人口对一个国家GDP的数值起很大作用。以中国为例，从GDP来看，它是全球第一或第二的经济大国（根据不同的计算方法），然而它的人均GDP排在全球第77位，位于塞浦路斯、黎巴嫩，甚至博茨瓦纳等小国之后。

购买力平价
（purchasing power parity，PPP）

2€=  =10¥

购买力平价反映出在两个不同的国家，用同一种货币可以获得多少相同的商品和服务。假设购物篮里有一个苹果、一支钢笔、一瓶水。在法国，购买这些东西需要2欧元，在中国则需要10元，那么，购买力平价汇率为1欧元=5元人民币。因此，借助购买力平价汇率，我们可以在不同的国家获得相同的购买力。当比较多个国家的财富时，我们更多采用购买力汇率，而不是市场汇率。其原因是：一方面，市场汇率会受到突发事件的影响，而实际上经济状况并未发生变化；另一方面，有些政府会控制市场汇率。

有哪些代替GDP的统计指标？

通过GDP来衡量经济水平，这种方法长期以来受到诟病，大多数专家学者都认为它具有局限性，其问题在于人们给予GDP太多关注——GDP增长俨然成了制定经济政策的指挥棒。但实际上，仅通过经济生产来衡量一国的财富与发展，有时候并不合适，因为它无法反映出个人和集体的幸福感的变化。

GDP的局限性

尽管GDP可以体现出一个国家经济生产的增长，但是无法反映出具体状况。更糟糕的是，GDP自身具有局限性，不适合用于评估社会的幸福感或发展程度。

无法反映出经济生产的具体情况

GDP的统计涵盖了在该国进行的大多数经济活动，但是仍然忽略了一部分，尤其是：

» 无报酬的工作（例如志愿服务、自给自足等）；

» 未申报的生产交易（例如用现金进行的交易）；

» 非法经营活动（例如毒品买卖）。

能衡量财富流动，但无法衡量库存

从GDP的构成来看，它无法衡量经济活动对环境和自然资源造成的破坏与消耗，也无法衡量一场自然灾害，甚至一场战争的长期影响。例如，当发生污染时，造成污染的经济活动，以及为了减少污染而产生的经济活动都对GDP起到正面作用，但是却不计入可能对环境造成的不可逆转的负面影响。从这种意义上来说，GDP无法督促人们减少对环境的污染。

人类发展指数

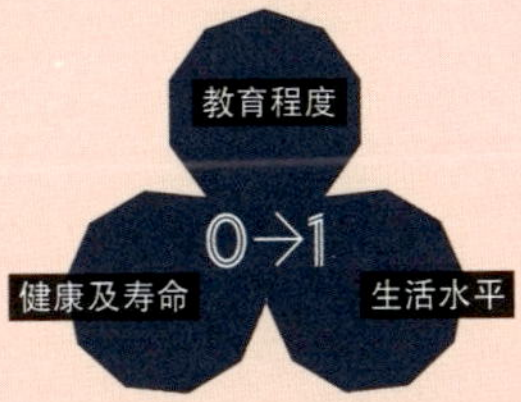

该指数由联合国开发计划署（UNDP）发布，目的是更好地反映一个国家的幸福程度。它有三项评判指标：教育程度、健康及寿命、生活水平。

无法反映出经济发展的质量

在统计GDP时，并不计入幸福感、休闲、社会安全、教育程度、自由等因素。此外，它对社会有益（例如药品研发）及对社会造成损害（例如造成环境污染的工业）的经济活动，都采取相同的计算方法。

忽视财富均分

GDP的增长并不能反映社会经济增长是否均衡、社会财富再分配体系是否平等。如果缺少财富再分配机制，经济增长会集中于一小部分人，中间阶层的财富降低可能被掩盖。

代替GDP的常用指标：人类发展指数（human development index，HDI）。

为了弥补GDP的不足，尤其是衡量经济发展质量的缺陷，出现了一些新的指数，其 ▶

财富与发展的巨大差距

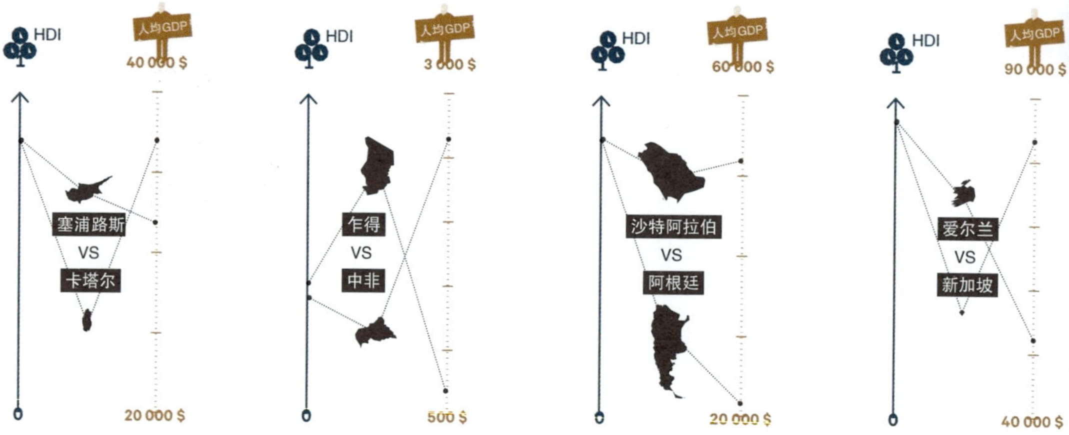

（来源：联合国开发计划署、国际货币基金组织）

中最著名的是人类发展指数（HDI），它由印度经济学家阿马蒂亚·森（Amartya Sen，1998年诺贝尔奖得主）和巴基斯坦经济学家赫布卜·乌·哈格（Mahbub ul Haq）于1990年提出。

该指数由联合国开发计划署（UNDP）发布，试图通过一个国家的人类发展指数，更好地了解其社会的幸福程度。该指数有三项评判依据：

» 教育程度（通过儿童的预期受教育年限，以及25岁以上成人实际受教育年限而测得）：通过这项统计，能了解人们对于非物质需求的满意度，例如参与社会和（或）工作单位决策的能力。

» 健康及寿命（通过期望寿命而测得）：以这种间接的方式来衡量卫生水平及获得医疗、优质食物、可饮用水等的难易程度。

» 生活水平（通过人均收入而测得）：它能反映出前两项未包括的方面（流动性、获取文化活动的难易程度等）。

有些国家的人类发展指数排名与人均GDP排名有很大的差别，说明人类发展指数和GDP一样，不可避免地存在缺陷，其中被提到最多的是它并未纳入公共自由程度。

法国的排名：人均GDP、HDI、BLI

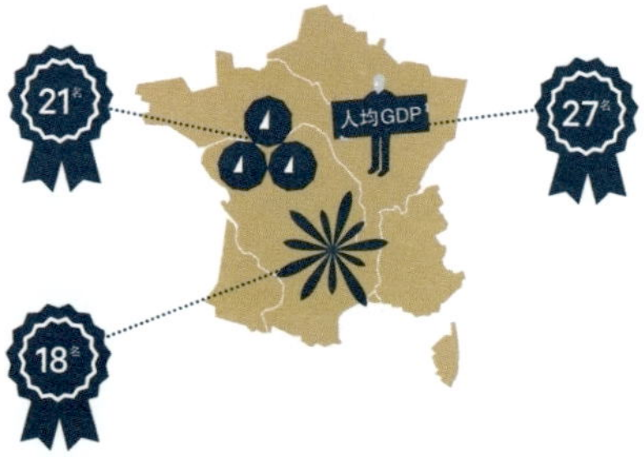

国民幸福指数（NHI）、美好生活指数（BLI）……

国民幸福指数（national happiness index，NHI）于1972年由不丹国王吉格梅·辛格·旺楚克（Jigme Singye Wangchuck）提出，其目的是打造一个以佛教的精神价值观为基础的经济体。在多种经济指标中，不丹一直采用国民幸福指数作为制定经济及发展计划的参考。

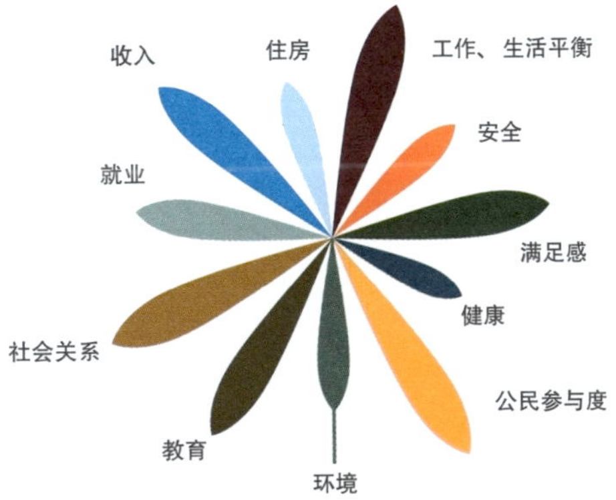

2011年，经济合作与发展组织（OECD）提出了美好生活指数（better life index）。它选取了11项与幸福感息息相关的因素，人们可以根据各项对自己的重要性来比较各国的美好生活程度。

斯蒂格利茨专家委员会：优化衡量经济发展的方法

在法国政府的主持下，2008年，来自学术界和政府机构的知名专家组成了一个委员会，其任务是重新审视经济表现和社会发展的衡量方法，更准确地说，是对“避免过于依赖定量及会计学的经济衡量方法”进行反思。该委员会由美国经济学家约瑟夫·斯蒂格利茨（Joseph Stiglitz，2001年诺贝尔奖得主）担任主席，成员有印度经济学家阿马蒂亚·森和法国经济学家让-保罗·费图西（Jean-Paul Fitoussi）。

该专家委员会围绕着以下三个社会发展的核心议题提出了多项建议。

» 经济：其主要目标是优化GDP的计算方法。

» 幸福程度：重新审视消费水平、收入与财富分配的衡量方法，兼顾主观（即人们的想法）及客观两方面。

» 可持续发展：既要实行用货币计算的指数，也要实行与环境相关的指数。

之后的几年，法国统计局和经济合作与发展组织按照专家委员会的建议，做了大量的工作。

尽管这项创举的意图是好的，但是它并没有（或者说还没有）对政策制定者产生预期的影响（人类发展指数就是一个例子），GDP至今仍是衡量经济（及社会）表现的指标。

什么是经济周期？

分析经济形势要从经济增长、经济活力及其组成部分入手。只参考经济增长，我们无法判断这一趋势能否持续发展，以及所实施的经济政策是否合理。

实际经济增长VS潜在经济增长

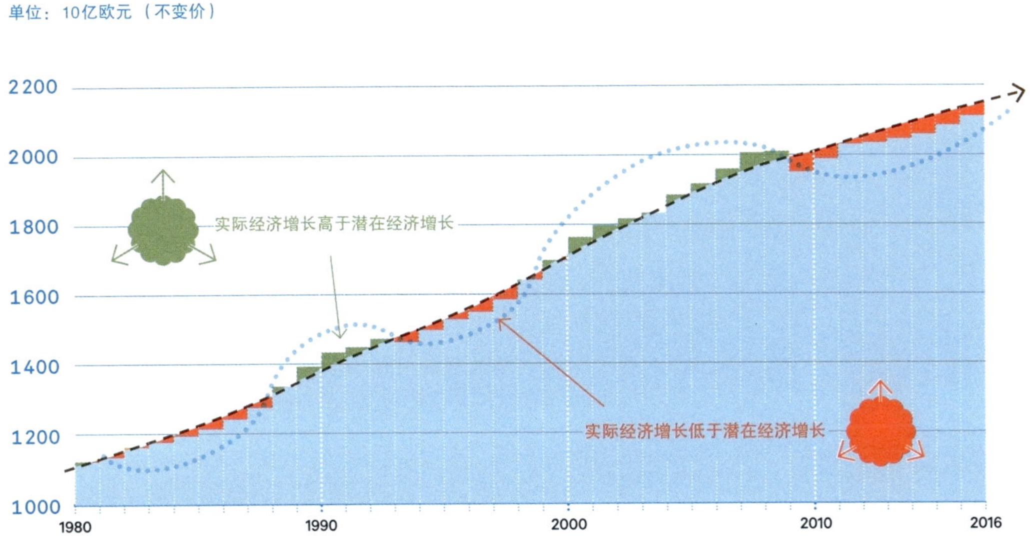

（来源：国际货币基金组织）

受需求、供给、金融的冲击，实际经济增长会偏离所谓的“潜在”“结构性”或“长期”经济增长。

实际上，对于任何经济体而言，经济活动的加速从长期来看都是健康的、平稳的，它可调节经济发展不均衡的情况。然而，新增的财富也可能导致经济失衡，造成经济过热及通货膨胀，以致不利于日后的发展和就业市场。因此，在制定经济政策时，需要准确判断国家处于经济周期的哪个阶段。那么，什么是经济周期？

均衡增长路径

对于长期可持续发展而言，每个经济体都有其均衡增长路径，我们称之为潜在经济增长率或结构性经济增长率，因此，每个经济体的数值各不相同。一个国家的生产力取决于三个因素：

» 可用劳动力：一个国家拥有大量人口（可通过移民来增加），从事经济活动的人口占总人口的比例高，以及人口的教育程度与企业的需求相匹配，这些因素都会提高该国的可用劳动力。 ▶

- 资本总额：投资越多，资本总额越高。这既指生产方面（例如机床），也指基础设施方面（例如住房、交通、能源、高速网络等）。
- 生产力的提高：在劳动力和资本总额不变的情况下，提高生产力可以增加产出。而改进生产流程主要依靠研发、教育和职业培训以及创新能力上的投入。

供给调节政策的目标是提高潜在经济增长，因此会对上述因素产生影响。与实际经济增长不同，潜在经济增长并不能用欧元计算，只能进行估算。例如，德国的长期经济增长（近1%）低于法国（约1.5%），原因是其人口数量低于法国。

意料之外的状况

各个经济体的增长很少达到均衡状态，它们会遇到各式各样的冲击。

- 金融冲击：21世纪初，信贷暴增，经济增长强劲，但却导致了2007年的次贷危机，致使经济活动受到抑制。
- 需求冲击：20世纪80年代起，欧洲国家实施宽松的预算政策，然而21世纪初期，欧元区采取的紧缩预算政策，对需求产生了负面冲击。

从经济周期来看，这些冲击最终都造成实际经济增长高于或低于潜在经济增长。

与实际经济增长不同，潜在经济增长并不能用欧元计算，只能进行估算。

当经济发展偏离均衡增长路径时，会发生什么？

当实际经济增长高于潜在经济增长时，会出现经济过热。相较于家庭收入的增长，造成经济“超运转”的原因更可能是家庭消费过度（通过借债和使用积蓄来消费）。在这种情况下，如果企业想要满足增长的需求，就会导致就业市场紧张、大量投资出现，并且由于生产成本上涨，通货膨胀的压力会加大。因此经济增长虽然强劲，但却不平稳。这时，政策制定者不应该以充分扩大短期经济增长为目标，而应该抑制造成经济不稳定的因素，以促进长期的经济增长，因此，经济政策要以抑制经济活动为导向。为了给消费和投资降温，货币政策将会收紧，利率也将提高。政府还会实施严格的预算政策（提高税收、降低开支），目的在于释放多余的预算，以便当实际经济增长低于潜在经济增长的时期来临时，将其用于支持经济发展。

当实际经济增长低于潜在经济增长时，经济运转不足。21世纪初期，人们不得不为前十年的过度行为买单（大量负债、房地产及工业领域过度投资），因此，减少负债成

2016年法国、美国所处的经济周期

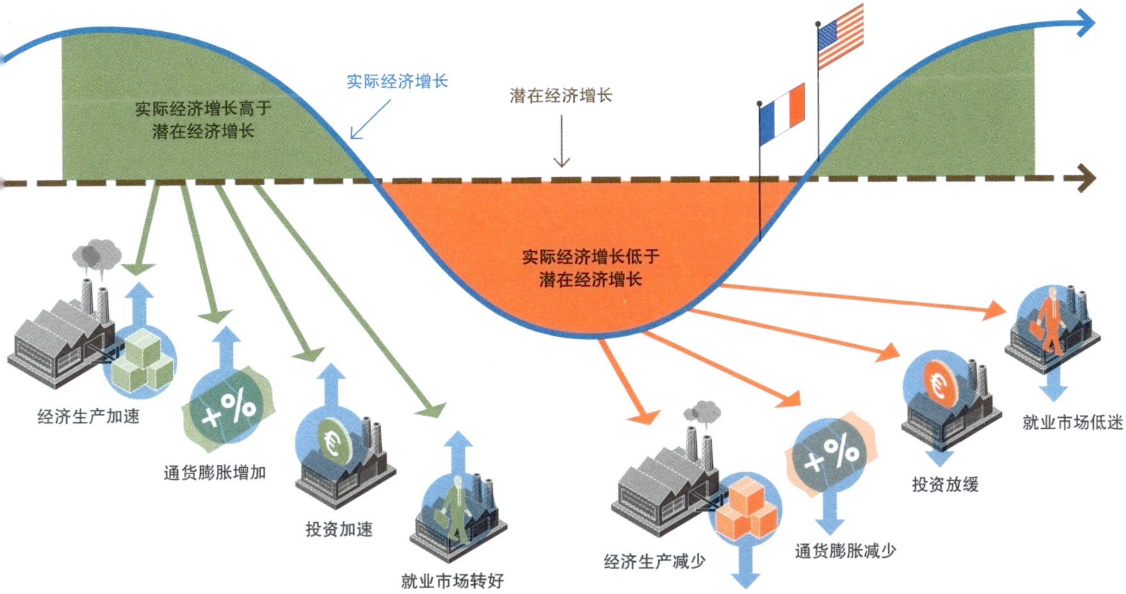

需求的增长与供应（即生产力）的增长不匹配时，投资与劳动市场的活力就会受到影响。

为首要任务，尽管这样做会降低消费和投资的支出。人们对商品和服务的需求减少了，在这种情况下，供应超出了需求，造成工厂的生产能力闲置。因此，企业认为投资没有了意义，就业市场无法吸收新增的劳动人口，失业率上升，通货膨胀率低。此时需要采取适当的经济政策，来维持需求量（中央银行降低利率，政府加大预算），让经济发展回归正轨。

当实际经济增长低于潜在经济增长时，经济运转不足。

更多储蓄意味着更多经济增长吗？

储蓄是放弃消费或投资的行为：选择储蓄，相当于放弃对商品和服务的需求，从而导致经济生产减少，使经济增长下降。让我们结合实际情况来讨论这个话题。

限额储蓄本里的钱去了哪里？

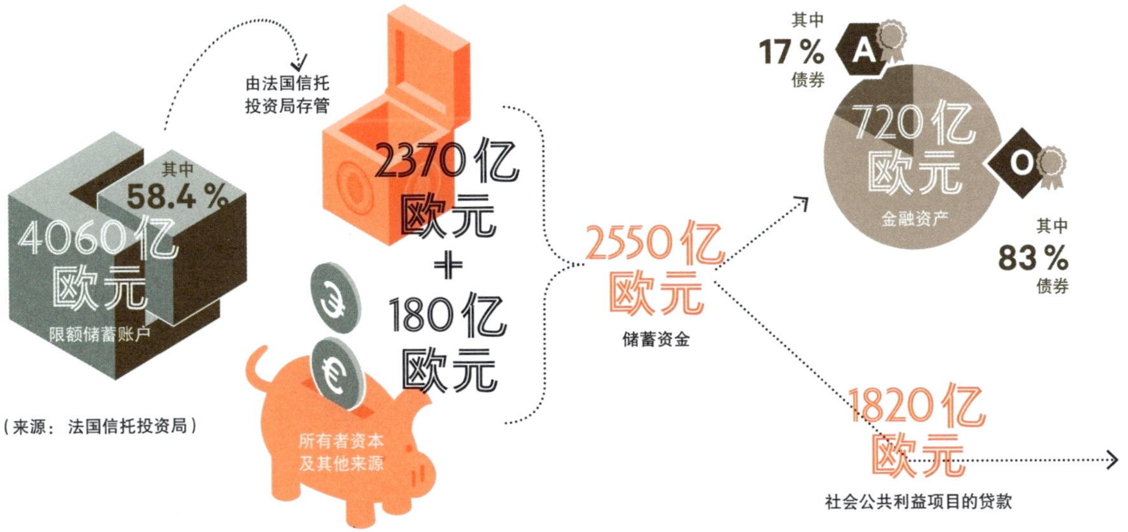

（来源：法国信托投资局）

大多数储蓄只是将开支的决策推迟，因此它带来的经济增长也相应地延后了，随之产生的经济活动也需要资金支持。如果这些资金不是来自海外投资者或货币的扩张，那么就需要动用国内的储蓄。因此，储蓄为经济增长提供了不可或缺的支持。

企业储蓄

为了投资，企业需要使用内部或外部的资金。

就内部资金而言，企业除了股东投入的初始资金，还可以自主使用企业储蓄，也就是未分配给员工和股东、未投入用于生产力提高和研发、随着时间而积累的盈利，包括企业的流动资金和部分所有者资本。

外部资金的来源有：向银行借款（通过信贷）、向金融市场借款（通过发放债券），或增加所有者资本（通过股票）。

一家企业的企业储蓄越多，业务发展越稳健，银行或投资机构等资助者也会为它们提供更多帮助，促使它们更好地发展。储蓄积累给予企业一定的资金灵活性和良好的声誉：除了盈利能力，企业也要具有良好的资金流动（现金流）和财务状况（股东权益的收益质量高、债务状况健康），才能吸引更多资本。

因此，对于企业而言，储蓄行为等同于放弃了将其经营成果分配给股东（股息）和员工（工资、岗位数量等），同时也放弃了当下的投资。虽然它不会马上刺激经济增长，但却为日后的经济增长提供了必要条件。只 ▶

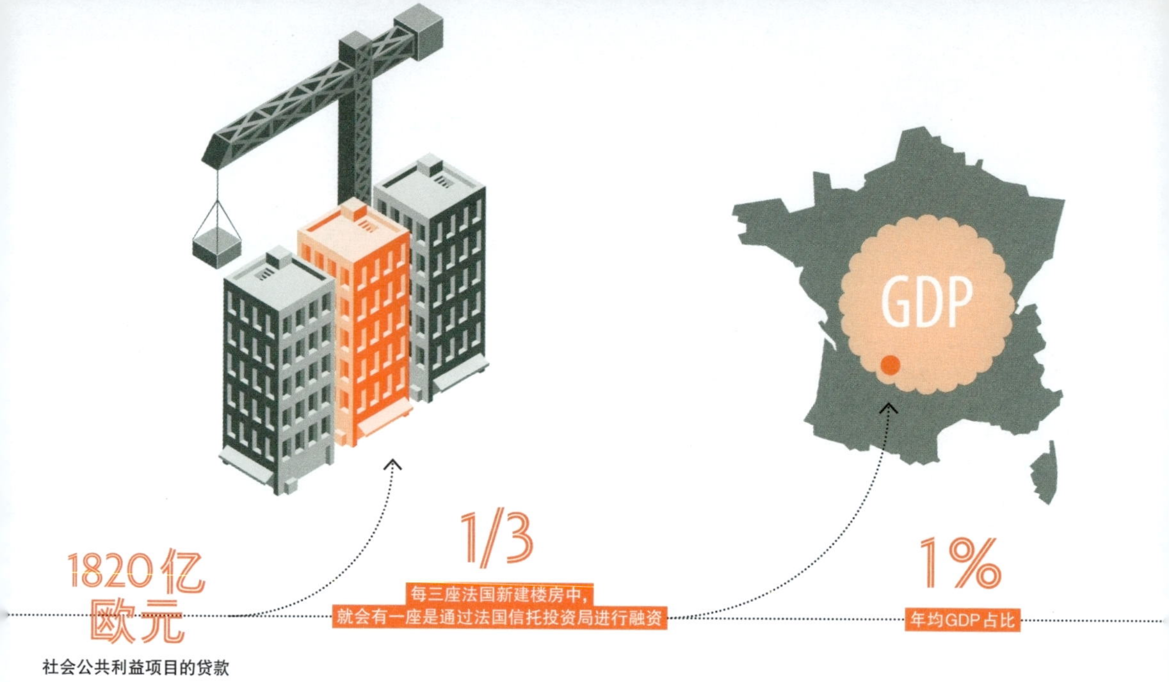

要投资不要来得太迟，就不会影响到企业的竞争力和生存！

家庭储蓄

家庭储蓄再常见不过了。如果一个家庭放弃了消费和投资，把钱存入活期账户，或者投资海外金融资产，那么这样的储蓄行为在短期内不会产生影响——它无法满足国内的融资需求，因此不能刺激经济增长。反之，如果该家庭决定购买一家企业的股票，而且这家企业在国内有经济活动，那么这将增加该企业的所有者资本，同时，该企业的招聘能力和投资能力随之提高，从而有利于国内经济增长。如果该家庭将储蓄用于购买企业或国家的债券，那么这会带来一样的结果。

储蓄账户里的钱是在睡大觉吗？

存入A种储蓄账户（livret A）、持续发展储蓄账户（livret de développement durable et solidaire，LDDS）、大众储蓄账户（livret d'épargne populaire，LEP）的钱是在睡大觉，还是为经济增长提供了资金？让我们具体谈谈这个问题。2016年底，法国信托投资局（la Caisse des dépôts）存管了2370亿欧元的储蓄。

» 以贷款的形式借出1820亿欧元，为经济活动提供支持，例如投资于社会保障性住房的开发机构（负责建造或修缮廉租房）、弱势群体（残疾人、老年人等），以及地方政府等。这笔储蓄产生了开支，有助于当地的经济活

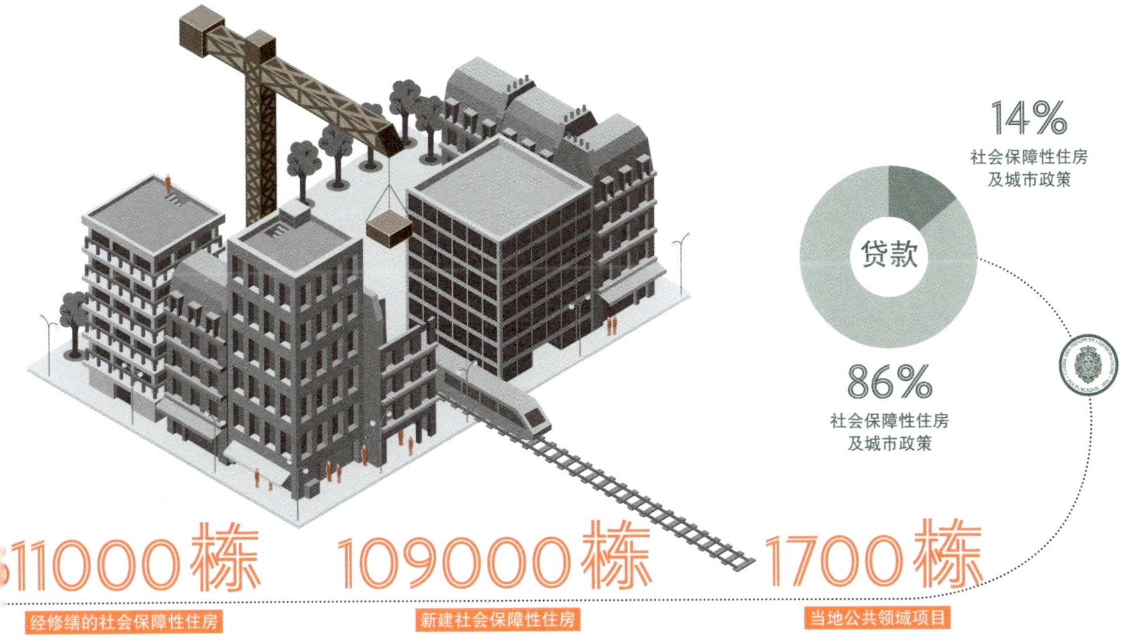

动（无法转移地点的就业机会、在当地的开支），并带来可观的社会效益。由于这类贷款的利率低、周期长（长达30年或50年，银行无法提供类似的贷款周期），因此，开发者的融资成本降低，并且通过收取廉租房的租金就能还清这笔费用，有助于减少社会不平等。楼房供热系统翻新的项目也可获得贷款，进一步促进绿色经济的发展。

» 未借出的金额为720亿欧元，它们或将用于今后的贷款，或为储蓄账户的户主提供流动资金。然而，这笔钱并不在银行里休眠，它也为经济活动提供资金——它以债券或股票的形式为国家、企业和银行所用，用于支持产量可观又有质量的经济活动，因为当金融机构考虑是否资助一家企业时，会从环境、社会影响、管理（critères environnementaux, sociaux et de gouvernance，ESG）三方面进行评估。最后，存款将转变为利率低、还款周期长的贷款，还会为政府带来收入。这既是一种投资，也是一笔可持续的公共开支（或者也会导致征税减少，使家庭和企业拥有更多可支配收入）。

楼房供热系统翻新的项目获得贷款，进一步促进绿色经济的发展。

总之，储蓄账户里没有1欧元在睡觉。储蓄为高水平的经济发展提供资金。

经济增长已是过去式了吗？

发达国家的经济增长表现已经连续多年令人失望了。经历了美国的次贷危机、欧元区的主权债务危机，加上其他潜在因素（人口、生产力），经济增长能否回到过去的水平，经济学家对此深表怀疑。

经济增加值的增长不如以往

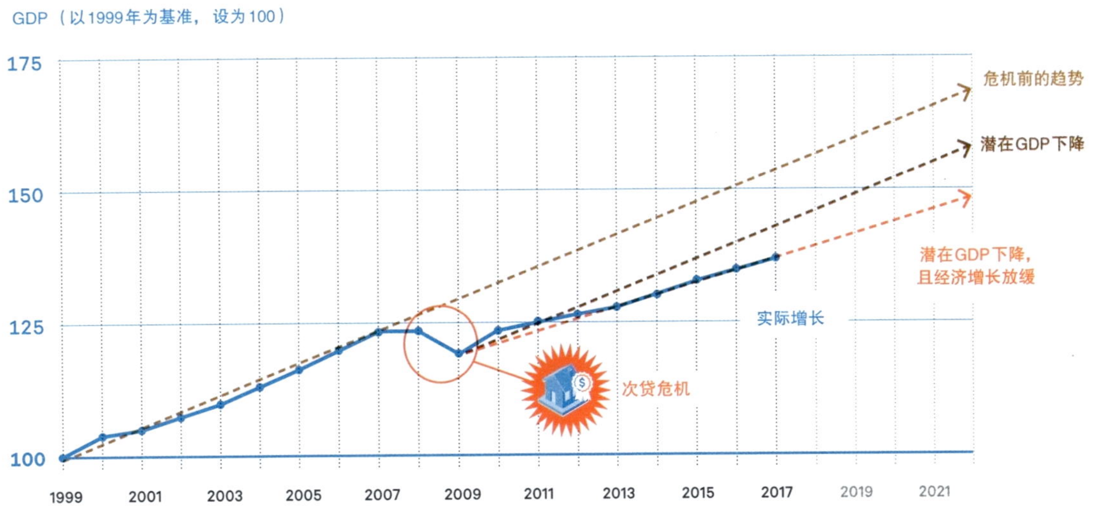

（来源：法国统计局）

为什么经济增长放缓了？

首先，让我们从已发生的经济危机来解释这个问题：经济危机在短期内产生的效应可能演变成长期的经济衰退。经济危机来势汹汹、影响深远，导致许多企业倒闭，而重新开张的企业往往更愿意把业务转移到海外。因此，失业率的上升并非一时（形势性），它会持续下去（结构性）。从大的方面来看，失业人口的就业能力降低，投资持续缺乏，生产力和未来的经济增长都将受到影响。

另一些因素的日积月累，也造成了经济增长放缓，其中影响最大的是人口老龄化加剧，以及长期缺少重大的创新——近几十年，发达经济体的生产力增长越来越少，换言之，原本人们能以相同数量的生产要素创造出更多的财富的能力一年不如一年。

世纪性经济停滞？

如今，发达经济体似乎很难维持稳定的经济增长，除非发生经济泡沫（房地产、金融、信贷泡沫等），造成虚假的繁荣。这种现象不禁令人怀疑我们是否正在经历世纪性的经济停滞。美国经济学家罗伯特·戈登（Robert Gordon）指出，1750年以后出现的 ▶

法国每十年平均增长的变化

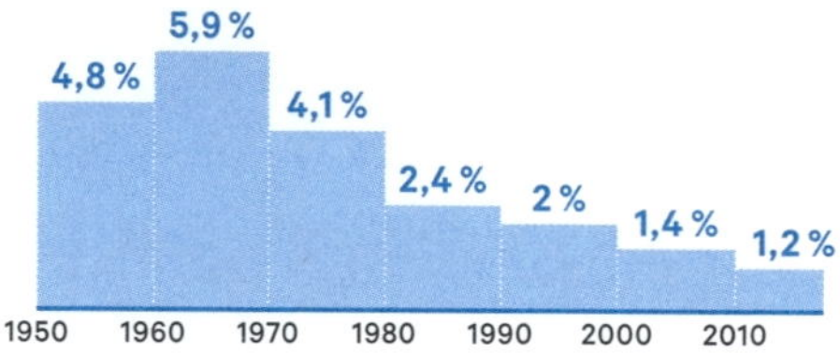

（来源：法国统计局）

不利于经济增长的因素

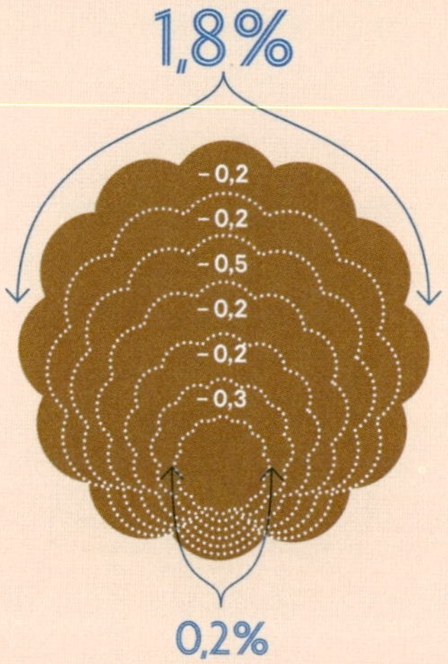

经济学家罗伯特·戈登对GDP增长率做减法：他以1987年至2007年美国人均GDP增长率（1.8%）为基准，然后扣除不利于经济增长的各项因素。

- 人口红利消失（婴儿潮世代退休）：-0.2%
- 教育边际效益遇到天花板：-0.2%
- 经济收益分配给处于顶端的极少数人，社会不平等加剧：-0.2%
- 全球化：-0.2%
- 能源价格上涨：-0.2%
- 债务负担（提高征税、强制储蓄）：-0.3%

结论是平均经济增长率不可能维持在1.8%，将跌至仅剩0.2%。

（来源：戈登）

高速经济增长并非常态，1300年至1700年的人均收入增长几乎为零（每年0.2%）。

经济增长从无到有，其原因是三次创新浪潮：蒸汽机和铁路的发明掀起了第一次工业革命（1750年至1830年），电力和内燃机的诞生拉开了第二次工业革命的大幕（1870年至1900年），计算机和网络问世，吹响了第三次工业革命的号角（1966年至1990年）。然而，最近一次创新浪潮所引发的变革似乎已经停止，相较之下，前两次的成果给经济增长带来的红利持续了更长的时间。

正如另一位美国经济学家罗伯特·索洛（Robert Solow，1987年诺贝尔奖得主）所说："由计算机引发的变革涉及广泛，唯独没有改写生产力的数字。"其原因在于它需要投入大量时间将科技进步转化为生产力增长（学习曲线、修改现有流程），更因为支持生产力增长的其他来源已经日渐枯竭。

最后，罗伯特·戈登还列出了一系列造成经济增长不如从前的因素。人口红利减少，不能像以往那样通过信贷支持经济增长，都造成发达经济体难以恢复往日的强劲增长。

新一轮工业革命来临？

然而，以上观点引起了科技乐观主义者的批评，他们认为科技的进步正在加快，一些创新技术正在萌发，为今后的生产力增长提供支持，新一轮工业革命指日可待（自动化、3D打印、大数据、绿色革命）。

2026年全球经济增长展望（每年%）

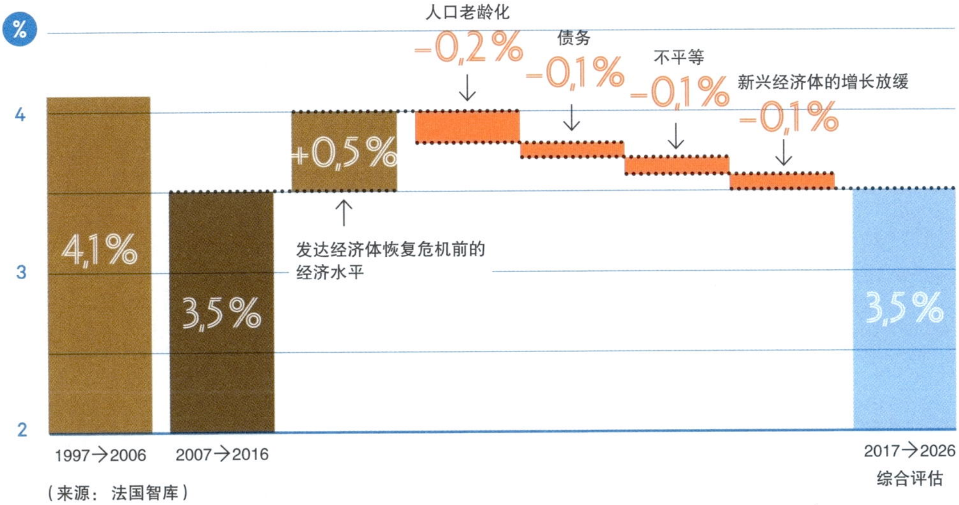

（来源：法国智库）

为了促进经济转型、加快经济增长速度，可以加大对数字化转型以及绿色经济的投资，并帮助企业融资。法国的政府部门已经开始做类似的事情，例如对研发的支持与投资（未来投资计划，Programme d'Investissements d'Avenir，PIA）、帮助中小企业融资（法国国家投资银行、Novi投资基金、Novo投资基金）、帮助能源转型项目融资（法国信托投资局为廉租房的建造商和地方政府提供贷款，以加快取暖设施的翻新，其资金来自A种储蓄账户的存款）。

增长率1%或2%，差别很大吗？

让我们来分析一下这个问题：假设全球经济平均增长率为2%，那么全年生产总值实现翻倍需要35年。如果平均增长率仅为1%，则需要70年才能翻倍，也就是两代人的时间。在第二种情况下，诸多社会平衡将被打破（退休、失业、健康……）。因此，恢复生产力水平事关重大！

什么是“绿色增长”？

人们通常采用定量的方法来衡量经济增长，即计算GDP增长率，但是这种方法将社会幸福感的提升等同于经济增长，具有一定局限性。许多替代方案则采用了定性的方法，把与经济发展相关的环境议题（气候、可再生能源等）纳入考量。在今天的社会讨论和经济政策制定中，这些因素占据了越来越重要的地位。

（来源：世界银行、国际能源署）

每单位GDP的二氧化碳排放量

- < 0,13千克
- 0,13–0,23千克
- 0,23–0,33千克
- > 0,33千克

改变生产和消费方式

“绿色增长”的理念是平衡经济活动和自然资源、生态环境保护的关系。换言之，其目标是实现长期的、跨代际的经济增长，并将社会幸福感作为经济发展的一部分。为此，人们需要调整生产模式和消费模式。“绿色金融”应运而生，为能源转型、应对气候变暖提供帮助。

可再生能源占总发电量的比例

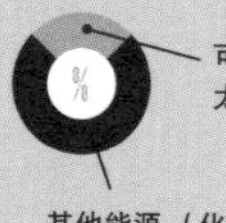

+1,5°C

到2100年？

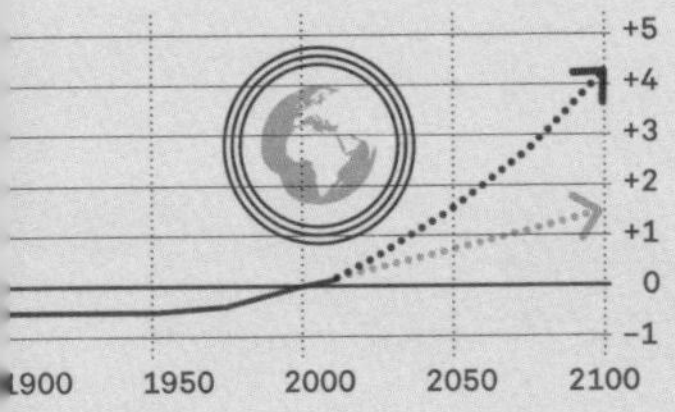

自1995年起，《联合国气候变化框架公约》(*Convention-cadre des Nations unies sur les changements climatiques*)的缔约国每年都聚在一起。2015年联合国气候变化大会在巴黎举行，此次大会达成了一项新的协议，即到2100年，将全球气温的上升控制在1.5℃以内。

什么是《绿色增长能源转型法案》(*La Loi de Transition énergétique pour la croissance verte*)？

当今世界上大多数大型央行都是独立运作的（并非向来如此），这意味着控制预算政策的政府无权干预货币政策，这种做法有两个主要目的：

- 避免公共债务货币化，也就是为了偿还债务而开动印钞机；
- 避免选举周期效应：为了有助于选举，政府可能采取宽松的货币政策，以刺激短期的经济活动和就业，这将损害价格稳定和经济长期、均衡的发展。

经济增长

谁消费了谁的商品？

全球每年商品和服务贸易总额接近21万亿美元，即生产总值中的30%出口至国外。其中80%的出口主要集中在三大区域——欧洲、亚洲和北美，它们的域内贸易尤其活跃。但是，这三大区域的贸易表现各不相同。

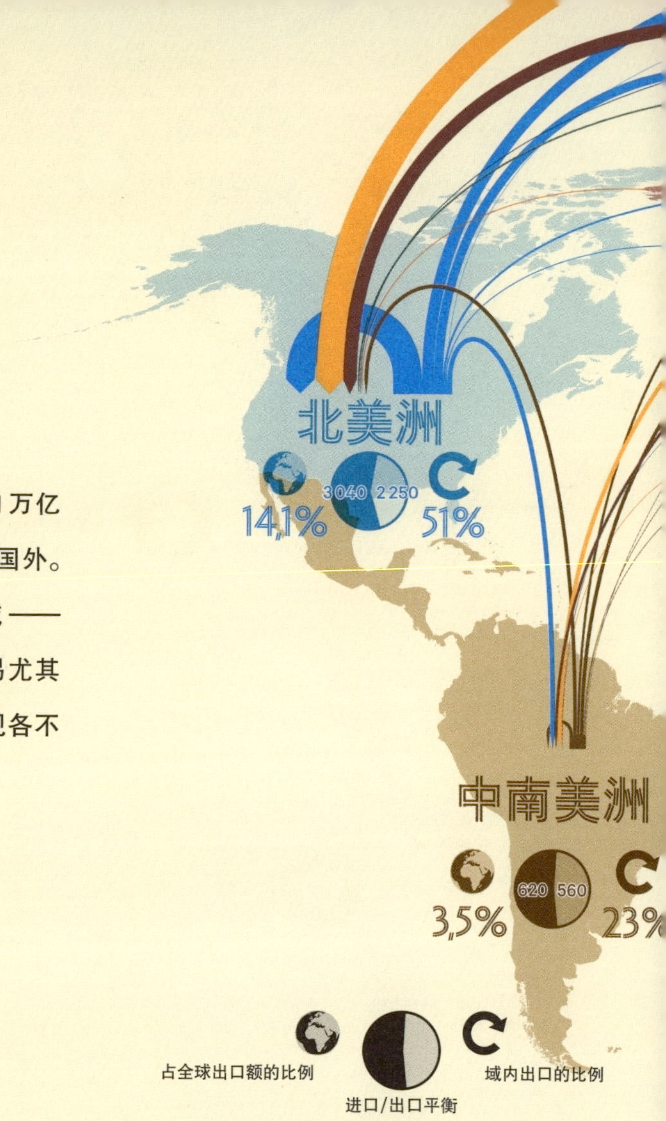

与邻国进行贸易（来源：世界贸易组织）

三大区域的域内贸易（又称当地贸易）非常发达。从出口目的地的结构来看，欧洲国家主要出口至本大洲的其他国家（占总出口额的70%），亚洲和北美的域内贸易也处于同一水平（约占50%）。

	北美洲	亚洲	欧洲	中南美洲	中东	非洲	独联体	贸易差额
北美洲	.	-630	-190	33	7	2	-12	**-790**
亚洲	630	.	157	22	-176	87	-15	**705**
欧洲	190	-157	.	17	75	35	-100	**60**
中南美洲	-33	-22	-17	.	7	3	2	**-60**
中东	-7	176	-75	-7	.	23	-5	**105**
非洲	-2	-87	-35	-3	-23	.	-10	**-160**
独联体	12	15	100	-2	5	10	.	**140**

贸易差额各不相同

- 欧洲的出口额大于进口额，差额为600亿美元，占GDP的0.3%。其对北美和中东的贸易顺差尤其显著，但对亚洲和独联体出现贸易逆差。
- 亚洲拥有巨大的贸易顺差（超过7000亿美元），其中，对北美的贸易顺差占有很大比例。
- 与之相反的是，北美对全球贸易伙伴国的贸易逆差相当大，接近8000亿美元，占GDP的4%。

通货膨胀

2

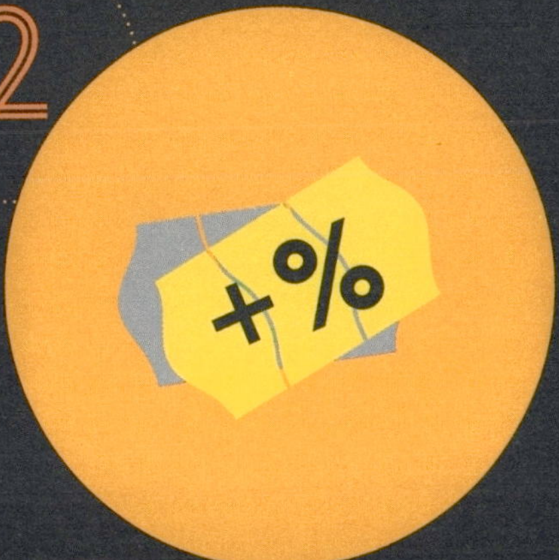

什么是通货膨胀？

当商品价格普遍上涨时，就出现了通货膨胀，所有经济参与者都会受到影响。如果每年的通货膨胀率为2%，那么原本花费100欧元就能买到商品和服务，10年后需要大约122欧元。换言之，100欧元只能买到相当于原先82%的商品和服务。通货膨胀引起货币对商品的购买力下降，因此，我们可以通过通货膨胀的数据来分析经济运行状况。

通货膨胀原理

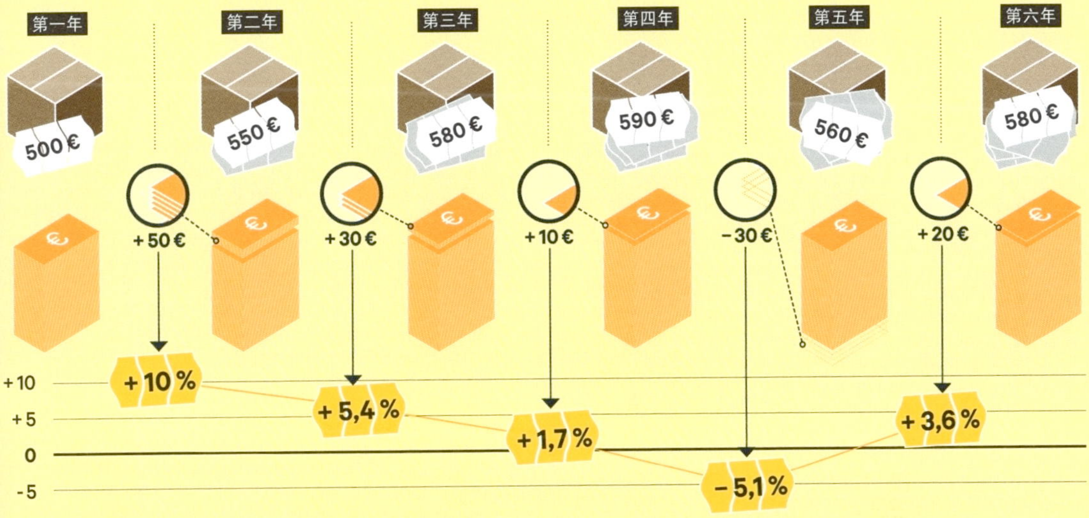

通货膨胀的速度下降，我们称之为“反通货膨胀”，即物价的上涨低于上一年（上图中反通货膨胀持续至第四年）。当物价下降时，通货膨胀率为负值（上图中的第四年至第五年）。有些行业常常出现价格水平下降的情况（新的电信运营商入局，引发套餐价格大战；农业收成高于上一年，造成食品价格下跌；石油价格降低，汽油价格随之降低……），然而对于整体经济而言，鲜少出现这种情况。

谁将受通货膨胀影响？

家庭

通货膨胀会削弱家庭的购买力。当与雇主恰谈工资或报酬时，人们会以通货膨胀率为参考，期望守住自己的购买力。而将储蓄投入金融资产时，总是期望获得的回报能高于通货膨胀。

企业

通货膨胀对企业的影响有以下三个方面：影响企业的成本，从而影响到它们提供的商品或服务的价格；影响企业的竞争力和利润，从而影响到其投资及雇佣员工的能力；引起利率上升，导致债务成本增加。

政府部门

通货膨胀会影响政府部门的运行开支、发放的补助金（工资、与通货膨胀挂钩的社会救助金等）。此外，当通货膨胀出现时，税收的基数水涨船高（收入税、增值税），财政收入也将受到影响。通货膨胀还会影响政府债务，当投资者在投资这类债务时，会要求更高的利率，从而将影响到政府融资。

如何计算通货膨胀？

法国统计局的调查人员每个月都会前往30000家零售店，采集1100多个商品及服务类别的价格，这些零售店分布于99个居住人口超过2000人的社区。法国统计局通过20万个调查、19万个价格，来计算消费价格指数，由此衡量通货膨胀的程度。

计算年度通货膨胀

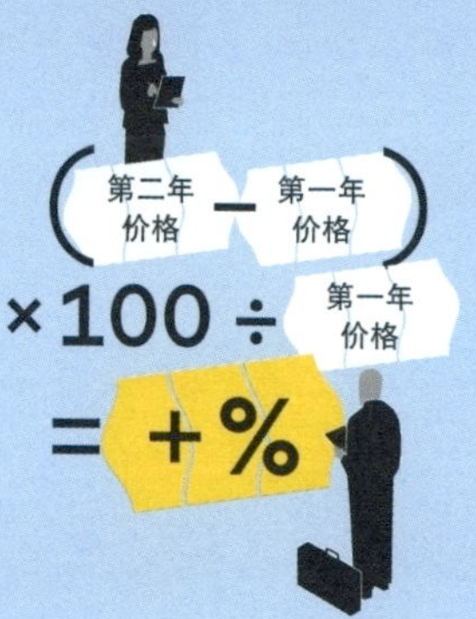

年度通货膨胀反映出基准商品和服务篮子在一年内的价格变化。

基准商品和服务篮子

我们根据常用商品和服务的价格，以及它们在家庭支出中的比重，来计算消费价格指数。每年，法国统计局都会调整样本和它们的权重，以符合消费习惯的变化。该指数仅涉及家庭消费的商品和服务，与金融资产（股票、债券等）或不动产（房屋、土地等）的价格变化无关。

每个家庭的通货膨胀率都一样吗？

法国统计局根据一户典型家庭的各项开支和比重，计算出一个具有参考性的消费价格指数。而每个家庭都可以根据各自的消费习惯，得出各自的指数。

（来源：法国统计局）

家庭A

住在偏远地区，经常开车。2000年1月，该家庭的基准消费品篮子花费为100欧元，2016年12月为137欧元。

平均水平

2000年1月，家庭基准消费品篮子的平均花费为100欧元，到了2016年12月上升至127欧元。

家庭B

没有汽车，乘坐公共交通出行，在餐厅就餐，追求最新的科技产品（视听产品、相机、信息产品），喜欢打电话。2000年1月，该家庭的基准消费品篮子花费为100欧元，2016年12月为121欧元。

为什么人们感受到的与计算而得的通货膨胀程度有所不同？

经常听到“实际感受到的通货膨胀程度比计算的更高”的说法，造成这种感觉的原因有以下几个：

- 我们根据一个典型家庭的常见支出来计算通货膨胀，它不一定能涵盖每个家庭的消费模式。
- 认知方法：人们通常会特别注意经常购买的商品和服务的价格，或者对商品价格上涨格外关注，但对价格下降较为迟钝。
- “相同的产品”也会涨价：通货膨胀是根据相同品质的商品和服务的价格而计算的。然而实际生活中，许多商品（电话、电脑、汽车等）价格上涨的原因在于功能的提高（性能更出色等），并非只是由货币的购买力下降造成的。

通货膨胀的根源是什么？

从根源来看，一个国家发生通货膨胀，说明它的经济发展相较于生产力失去了平衡（过于强劲），或者政府实施的货币政策过于宽松，令人难以放心（即经济参与者认为政府没有能力抑制通货膨胀），或者只是因为原材料的价格上涨了。

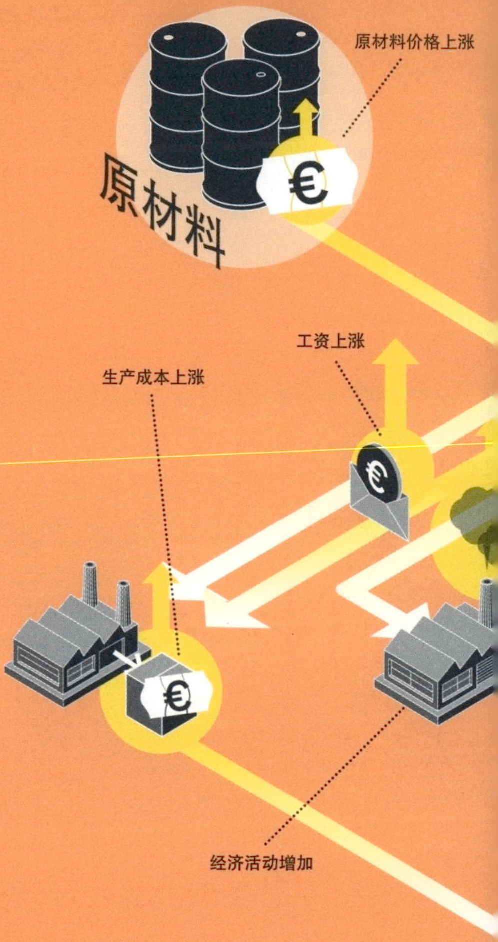

四个因素

❶ 原材料

尽管能源在价格指数中所占的比例很小，但是它的价格变动却很大。国际石油市场的供需失衡将引起通货膨胀，无关乎国家内部的经济均衡。

❷ 需求

实际经济增长低于或高于潜在经济增长（参见第25至26页），将影响通货膨胀程度。如果商品和服务的需求高于（或低于）供应，那么生产者处于有利（或不利）地位，这会促使他们提高产品价格（或抑制价格上涨，甚至降价让产品卖出去）。

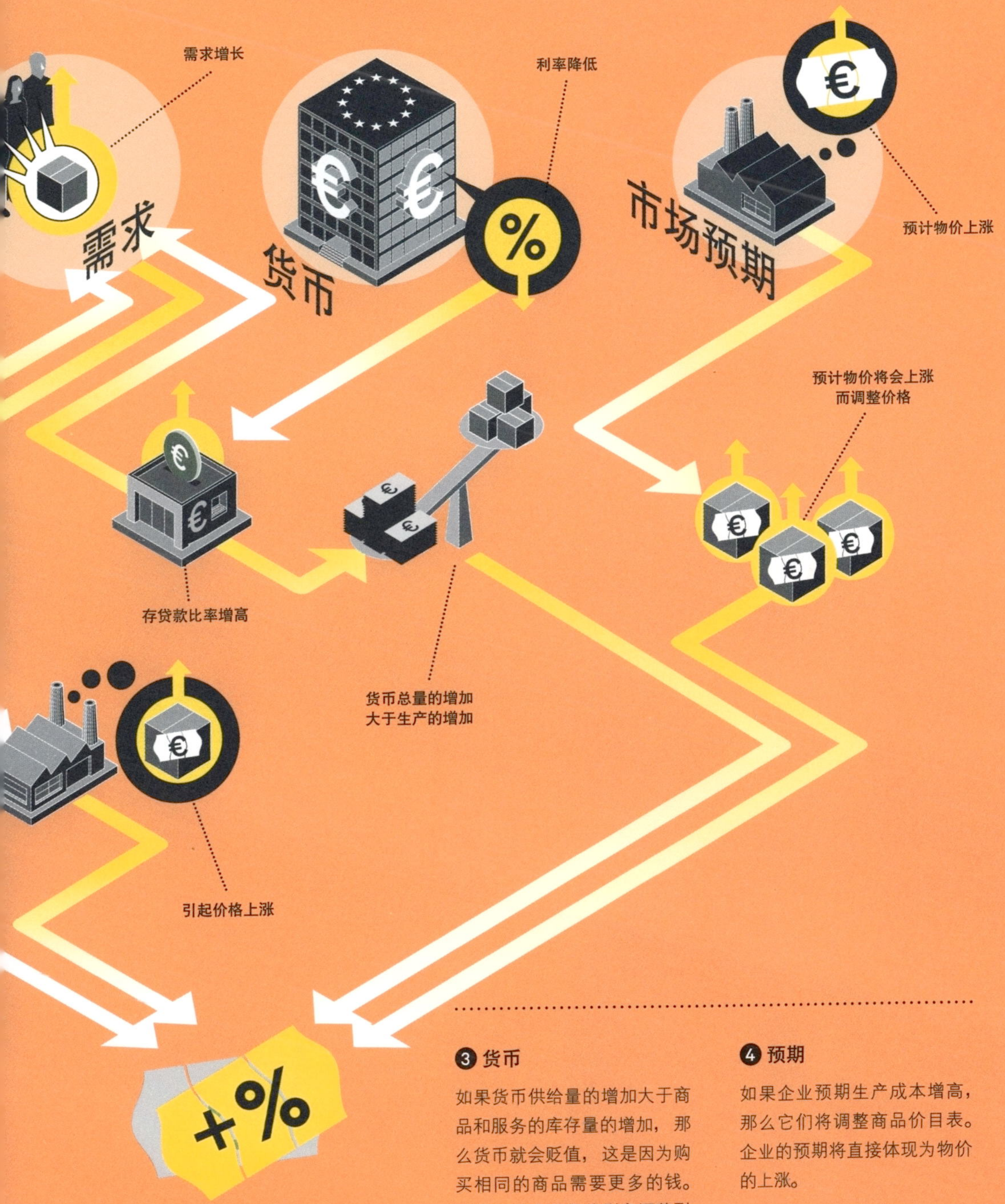

❸ 货币

如果货币供给量的增加大于商品和服务的库存量的增加，那么货币就会贬值，这是因为购买相同的商品需要更多的钱。因此，中央银行将利率调整到适合的水平，以此调控货币供给量（通过控制贷款的发放）。

❹ 预期

如果企业预期生产成本增高，那么它们将调整商品价目表。企业的预期将直接体现为物价的上涨。

法国未来的通货膨胀形势如何?

预测通货膨胀对所有经济参与者都有重要的意义，家庭、企业、政府、银行无一例外。那么，如何预测通货膨胀？对于不同的周期（即长期或短期），其预测方法也不同。

法国2025年至2029年的通货膨胀会如何？

（2016年1月起中期通货膨胀率预测）

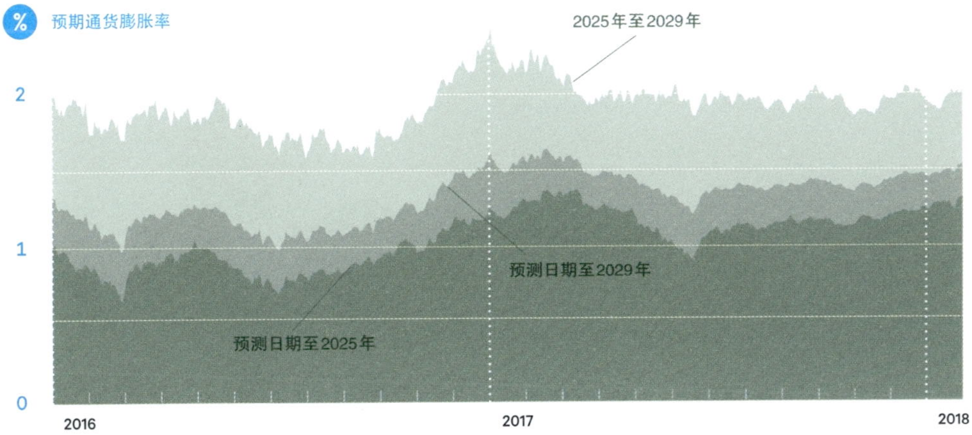

（来源：彭博社、欧洲中央银行）
债券的价格能反映出投资者对通货膨胀的预期。

它们每天随着各种通货膨胀的决定因素而变化（参见上一节《通货膨胀的根源是什么？》）。

2018年初，投资者们预期2018年至2025年的通货膨胀率为1.3%，2018年至2029年为1.5%，2025年至2029年为2%。

通货膨胀预测起到什么作用？

生产者可以根据通货膨胀预测及时调整零售价，以适应未来的成本变化，避免企业利益受损。此外，通货膨胀与许多经济标准（最低工资、A种储蓄的利率等）都挂钩，其随着它的上涨而上涨。

此外，通货膨胀与政府的收支也息息相关。就收入而言，通货膨胀决定了税收的起征点是否需要上调（增值税的免税项目）。同时，它还影响政府的开支：当物价上涨时，政府开支自然会增加。

欧洲中央银行（European Central Bank，ECB）的职责是维持欧元区的价格水平稳定，对未来通货膨胀的预测是其工作的基础：欧洲中央银行负责调控所有银行的利率，控制着贷款成本。

对于投资者而言，预期通货膨胀率直接影响了金融资产的收益［例如法国国债（可整合型通胀指数国库券，obligations assimilables du trésor indexées sur l'inflation，OATi）］。

既然通货膨胀预测如此重要，那么如何计算呢？有两种方法，分别适用于不同的预测周期。

中短期预测（两到三年内）

国内外因素都会影响一个国家的预期通货膨胀率。

国际因素

进口商品的价格由国际市场决定，而当它进口至国内时，会把价格带到国内，这是导致通货膨胀的原因之一。同样的道理也适用于进口原材料，其价格由供需关系决定：经济发展越稳健，对原材料的需求就越大，因为需要不断满足能源的消耗。在供应方面，以石油为例，它的价格取决于石油输出国家组织的产量限额，或者美国的页岩气产量。在全球范围内，如果原材料的需求量超过了供应量，它的价格将上涨。

工业产品亦是如此：2007年的危机过后，市场需求受到抑制，导致生产力过剩，价格水平直线下降。

最后，市场汇率也是需要考虑的因素：进口商品通常以美元结算。一旦欧元的价值下跌（贬值），就需要更多欧元来采购相同的商品，这就是通货膨胀现象。

国内因素

各国内部的经济活力同样会对通货膨胀造成影响。根据一个国家所处的经济周期，以及生产力和生产成本的压力，企业会考虑提高价格的幅度。

此外，货币政策也会造成通货膨胀：如果贷款成本非常低，市场对商品的需求会被激发（2010年后，法国和欧洲就出现了类似的经济状况）。

最后，提高征税（烟草价格、增值税）或放松管制（开放市场竞争，例如允许大客车接送游客）也会影响到定价。经济学家结合以上多个参数建立模型，以此预测短期和中期的通货膨胀率。

长期预测

除了经济周期，市场心理也对通货膨胀发挥着作用，它与经济因素同等重要。经济

目标2%

1999年开始，接受调查的经济学家们都认为未来的平均通货膨胀率将略低于2%，换言之，他们认为欧洲中央银行能履行好自己的职责。

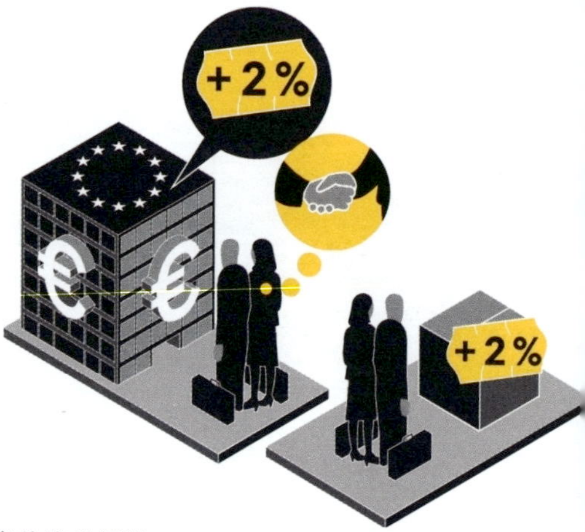

未来通货膨胀将维持在低水平

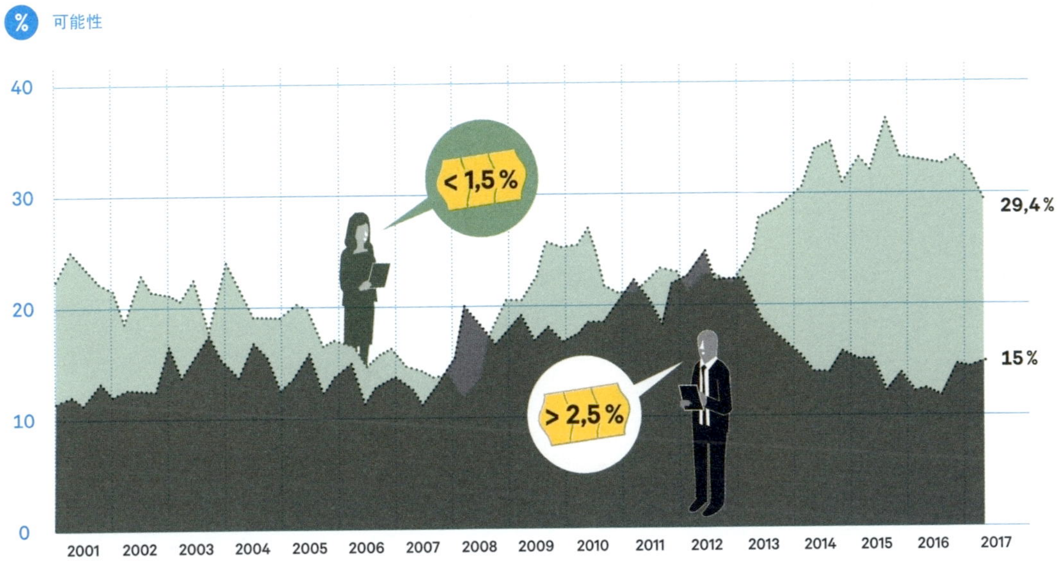

（来源：欧洲中央银行）

欧洲中央银行对经济学家进行调查，他们认为中期通货膨胀率低于1.5%的可能性超过2.5%。

参与者对央行的信任度决定了它们对通货膨胀的预期，而央行的职责便是稳定物价。换言之，一切都取决于经济参与者对货币机构的信心。发达国家的央行都努力将预期通货膨胀率维持在2%左右。这个比例不是计算出来的，而是一种预估，并且需要得到各个货币机构的认可。央行越令人信赖，通货膨胀率越接近2%，因为市场预期具有自我实现的特性。如果经济参与者相信央行能将平均通货膨胀率维持在2%，那么它们将根据这一数字来调整利率和对通货膨胀的预期，该预期实现的可能性就很大。

央行越令人信赖，通货膨胀率越接近2%。

如何衡量预期通货膨胀？

我们会咨询经济学家的意见，比方说欧洲中央银行每季度都会对经济学家进行调查，了解他们对通货膨胀的预期，以及他们预测的影响价格上涨或下跌的因素。此外，金融资产的价格也能反映出市场对通货膨胀的预期（参见第49页），其收益将保护投资者免受通货膨胀的冲击。当市场对金融资产的需求旺盛（低迷）时，它们的价格会升高（降低）。

欧元流通后，通货膨胀加剧？

通过现行方法测得的数据显示，欧元的实施并未加剧通货膨胀。自欧元区国家取消本国货币以来，法国的通货膨胀率低于美国。此外，如果以多项同等质量的产品来比较，2001年以后的通货膨胀程度比上一个十年更合理。商品与服务的价格增长幅度也比不上其他价格的增长（尤其是房地产），更不及工资水平的增长。

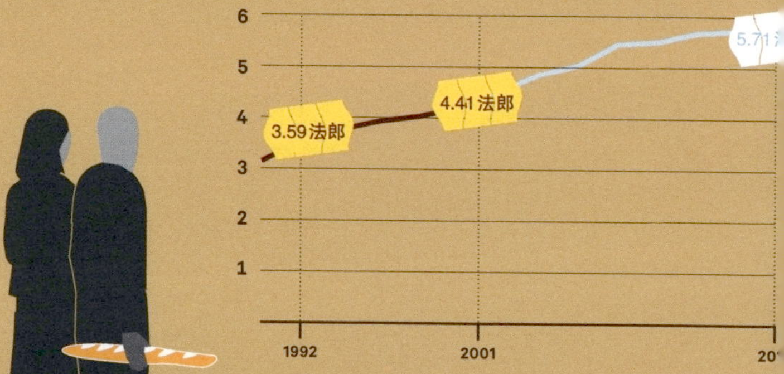

（来源：法国统计局）

用法郎购买长棍

2002年至2016年，法国长棍的价格提高了29.5%，相当于每年增长不到2%，略低于20世纪90年代的平均增长速度。

2002年至2016年价格水平

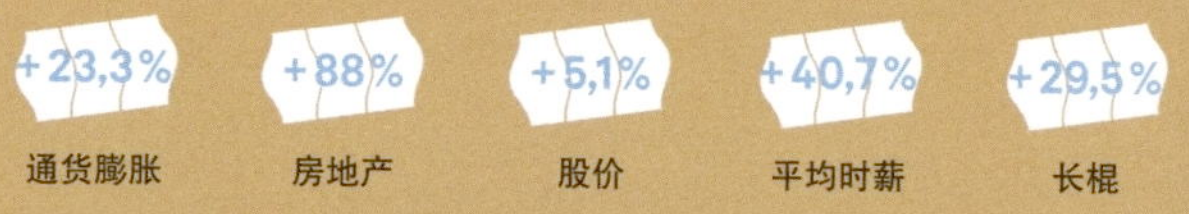

自欧元实施以来，商品与服务的价格上涨了23.3%，其中法国长棍的价格涨幅较大（29.5%）。而平均时薪提高了40.7%，因此货币对商品与服务的购买力更强。然而，房地产行业就不同了，它的价格增长高于工资的增长。

欧元实施前后15年内的通货膨胀

（来源：法国统计局、法国劳动部、国际货币基金组织、经济合作与发展组织、欧洲证券交易所）

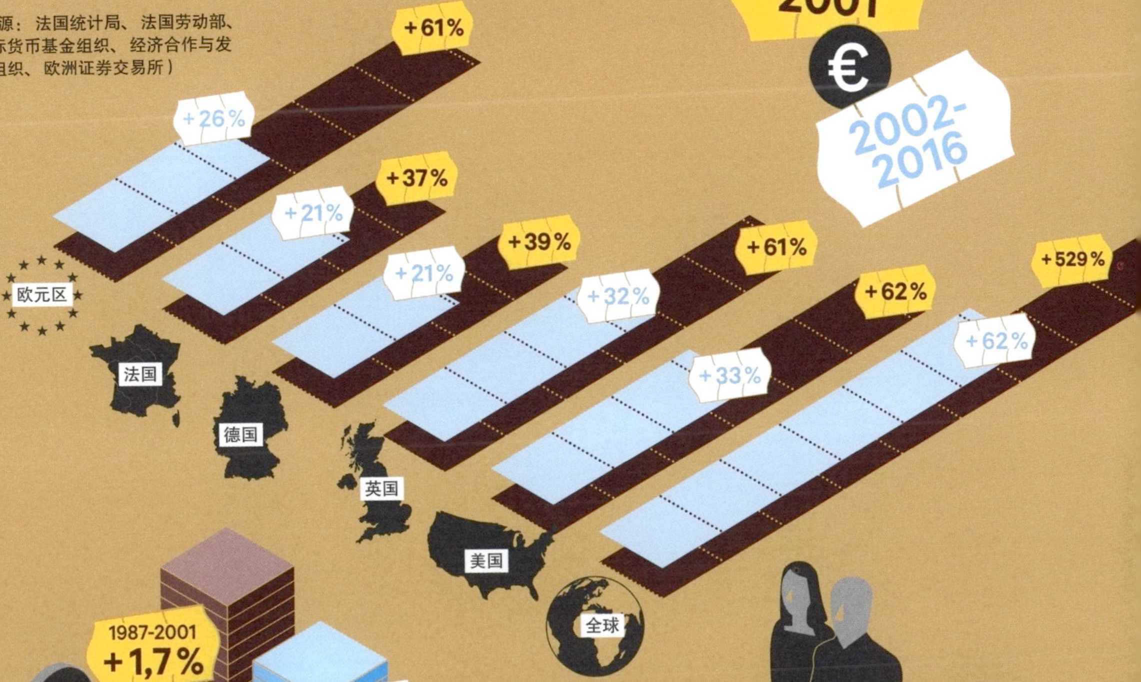

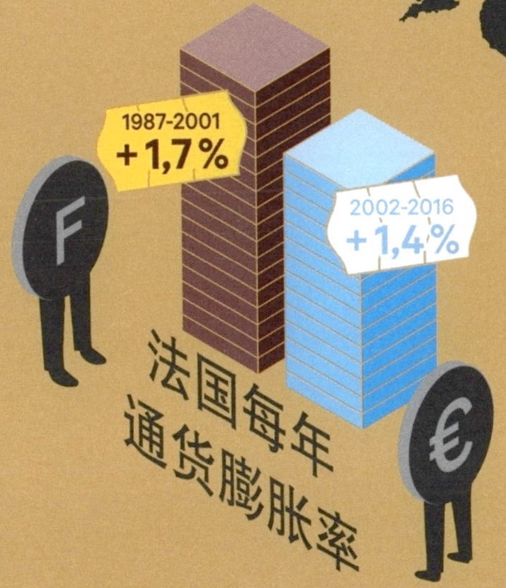

日常消费品及服务

欧元实施后，制成品和服务的价格增长低于以往，而通信的费用也以相同的幅度下降。

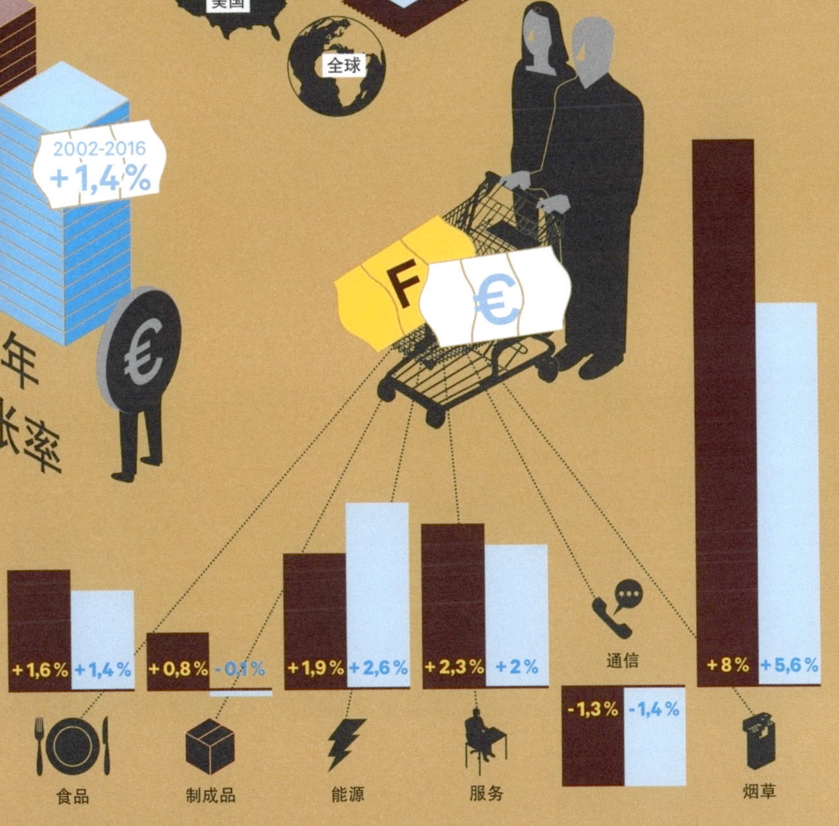

通货膨胀一定是坏事吗？

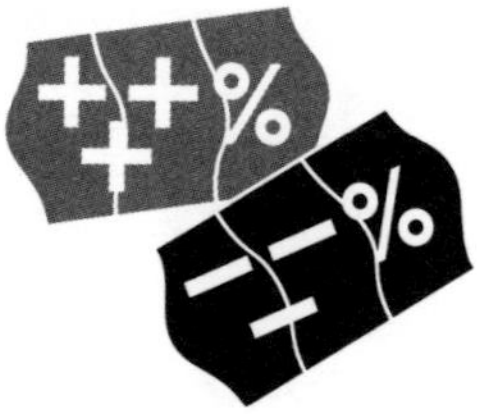

通货膨胀过高会损害经济主体的购买力，但是，他们的收入并不与通货膨胀直接挂钩。而且，在通货膨胀的环境下，储户的利益会受到损害，难以作出最优的消费和投资组合策略，因此经济发展会受到阻碍。然而，通货膨胀不一定是坏事：有债务在身的经济主体将从中受惠，各大中央银行也会将通货膨胀维持在“可控范围内”，而不是零通货膨胀。

通货膨胀过高

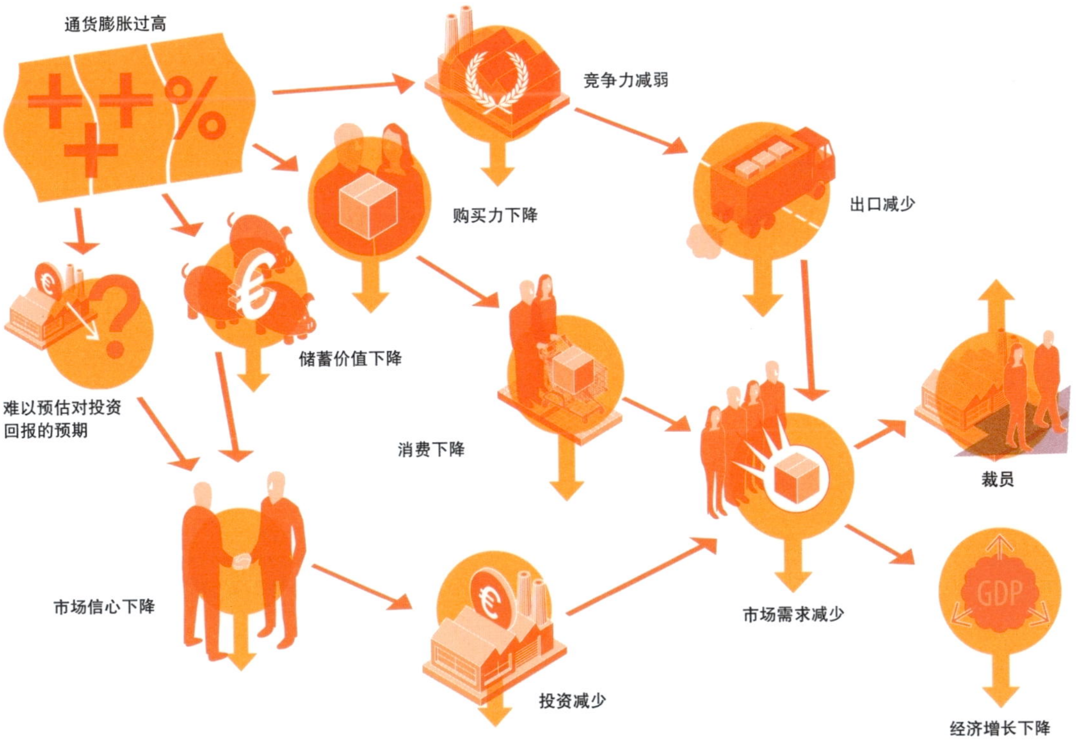

对储户而言：通货膨胀是坏消息

对储户而言，通货膨胀损害了他们从金融资产的收益中获得的购买力。假设第一、第二年的储蓄收益率分别为2%和3%，通货膨胀率分别为1%和3%，那么实际收益率只有（2－1＝）1%和（3－3＝）0%——这个才是真正影响消费增长潜力的数字。

唯一的补救措施是购买收益率与通货膨胀率明确挂钩的金融资产，例如法国可整合型通胀指数国库券（OATi债券）。

如果通货膨胀率居高不下，物价波动频繁，那么投资者就想从政府或企业获得更高的回报。

经济活动受到威胁

如果通货膨胀率居高不下，物价波动频繁，那么投资者就想从政府或企业获得更高的回报，以此保护自己的购买力，政府和企业通常向投资者贷款或出售股票。▶

因此利率会上升，对投资造成压力，最终影响到一个国家的生产力和就业率。

经济发展出现偏差

一般而言，物价的上涨并不会释放出明确的经济信号。如果一件商品的涨价是由其性能提高而导致的，这将促进消费者的购买行为。此外还需考虑它的价格涨幅究竟低于其他商品（既然该商品的相对价格下降，那么它的需求将提高），还是高于其他商品（将导致该商品的需求下跌）。通货膨胀的后果是消费者无法做出最佳选择，导致水平较差的经济活动持续进行，吸引投资和员工加入，而优质的经济活动受到损害，使经济发展受阻。

竞争力受损

通货膨胀居高不下，价格波动频繁，不利于经济参与者。一方面，它将造成市场的不确定性，降低企业的预判能力，损害投资，阻碍经济发展。另一方面，如果价格上涨并非出于商品质量的提高，而是由生产成本的增加造成的，那么企业的竞争力将受损，导致它将丢失一部分市场份额，影响经济活动和就业。

通货膨胀居高不下，价格波动频繁，不利于经济参与者，它将造成市场不确定性，降低企业的预判能力，损害投资，阻碍经济发展。

通货膨胀是债务的解药？

通货膨胀对于负债的经济主体而言是有利的。假设一家企业每年收入为10万欧元，负债10万欧元，负债利率为2%（每年利息为2000欧元）。第一年，该企业的债务相当于全部的收入。第二年，如果通货膨胀率为3%，该企业的收入增长率也达到这个水平，那么它的收入为10.3万欧元，其债务不再等同于全部的收入，而是收入的（100/103 =）97%。通过通货膨胀效应，企业毫不费力地削减了债务。这一年，它多赚了3000欧元，而且无需动用存款就还清了当年的金融费用（2000欧元）。

这里有两点补充。

» 如果一家企业为了采购物资，每年都负债，那么企业的债务也可能随着通货膨胀而扩大，因为所采购物资的价格同样受到通货膨胀影响（它的负债比例很有可能维持不变）；

» 通货膨胀程度越高，利率涨幅越大：如果企业早前签订了浮动利率的债务合同，那么金融费用将增加。对于企业最新签订的债务合同，由于利率水涨船高，企业支出的金融费用也会增加。

结论：如果一家企业签订了固定利率的债务合同，也不打算增加债务，并且其收入随通货膨胀上涨，那么它将从通货膨胀中获益。

通货紧缩的恶性循环

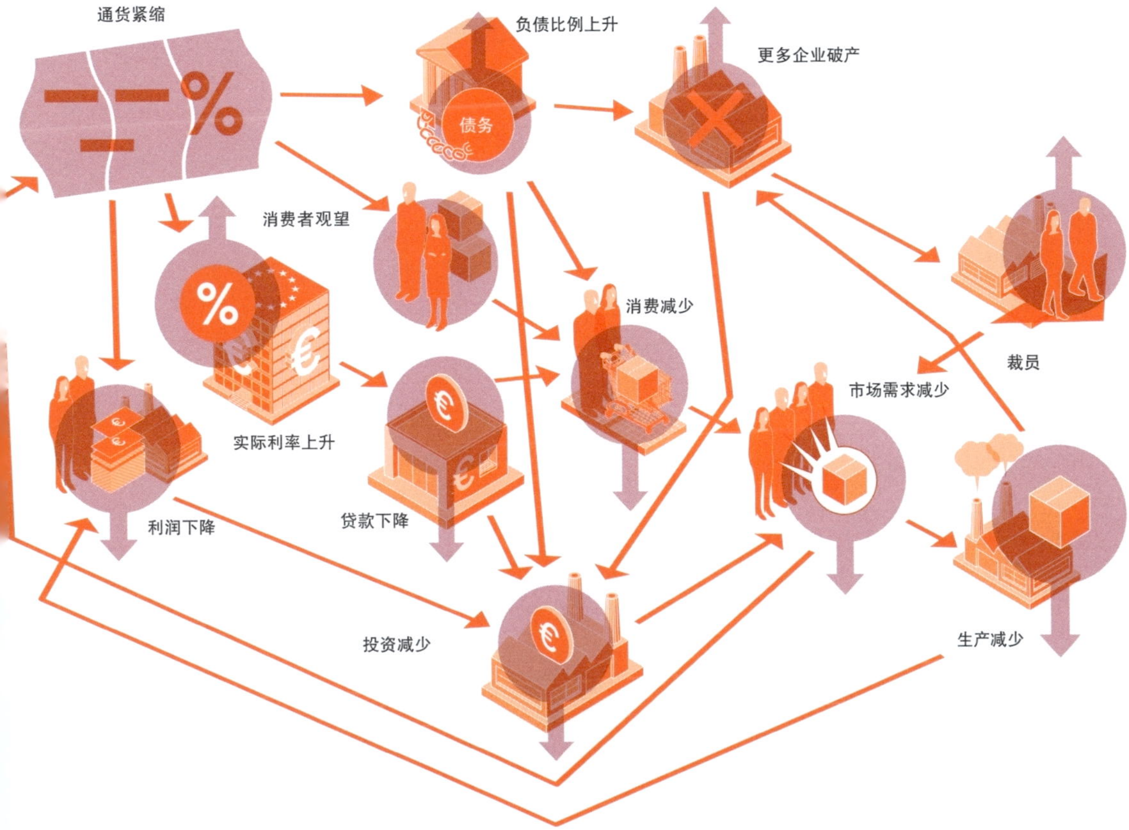

为什么央行不把零通货膨胀作为目标？

欧洲中央银行的目标是“维持2%左右的较低通货膨胀水平”，而非零通货膨胀，以免走向陷阱，破坏社会财富和就业。

» 零增长，甚至是负增长陷阱。当经济周期处于低位时，对商品和服务的需求低于供应。如果价格水平下降，经济参与者会认为越晚采购价格越低，需求进一步被抑制。企业接到的订单数量不足，认为没必要投资而应该裁员，这又对需求不利。价格水平下跌，导致经济参与者再度推迟开支计划，这种现象被称为螺旋式通货紧缩。

» 对于有债务在身的经济主体的陷阱。当经济周期处于低位时，收入水平下降或停滞不前，因此债务和利息占收入的比例扩大。人们可能认为利率会随着通货膨胀而同比下降，达到另一种平衡，然而现实不一定如此！

经济政策

3

经济政策的目标是什么?

经济政策分为结构性和形势性。结构性的目标是根据国家的资源（原材料、劳动、资本、基础设施等），设定最佳经济发展模式，并将社会财富分配给各个经济参与者。形势性的目标是确保几个关键经济指标达到平衡，使经济活动处于稳定的状态。

选择哪种经济政策?

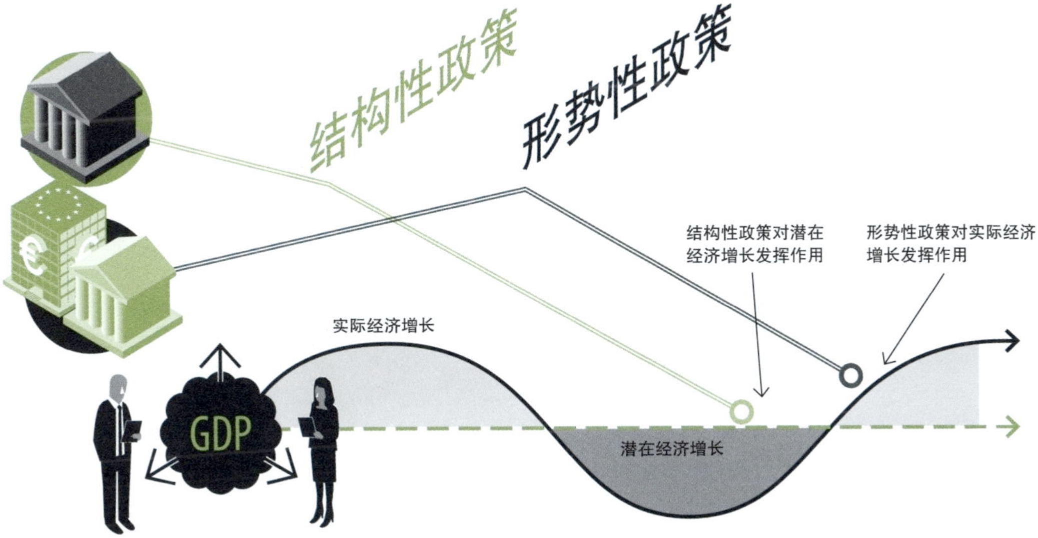

结构性经济政策

结构性经济政策对整个经济体系发挥长期的作用，其目的是优化经济体系的运作。它最主要目标是根据现有资源，使社会财富的创造达到最佳状态，也就是提高潜在经济增长，并兼顾经济增长的数量与质量。通常要考虑社会发展程度、环境与社会特点、财富分配等方面。制定结构性经济政策是政府的职责，同时需要立法机关批准，它涵盖多个领域，例如，管理部门、产业与商业、司法、环境与科技等。

管理部门

其职责是为各个市场（商品与服务、就业、金融）制定运作模式，例如，制定某些商品和服务的定价方法（房租、图书等）。

产业与商业

通过制定法规、补助或征税的方法，公共行政部门可以对某个领域（农业、工业、交通、基础设施等）或地区的经济活动施加影响。例如，在被认为具有战略意义的领域（国防、能源等），政府会设立国有或半国有企业来促进其发展。

▶

结构性政策的示例：如何提高潜在经济增长？

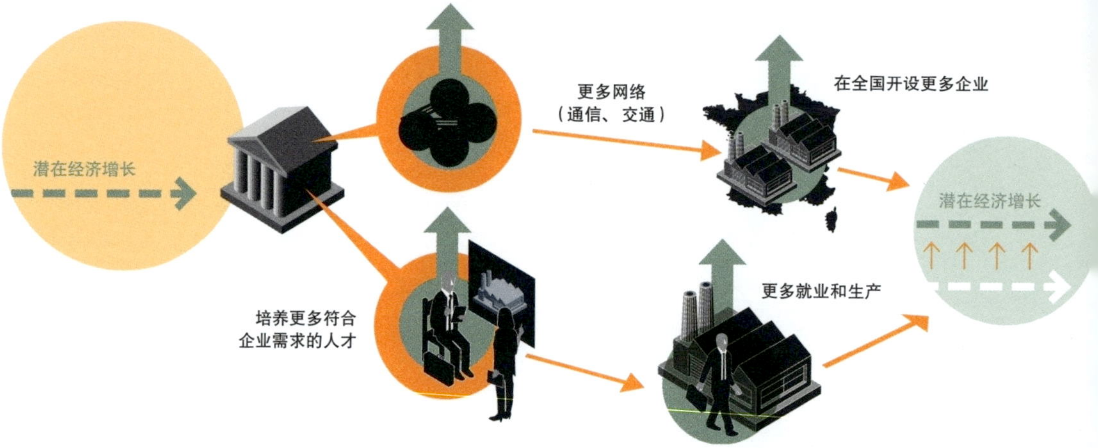

司法

政府可以修改法律，尤其是劳动市场的相关法律，来改善各个经济参与者之间的财富分配机制——消费者与生产者、企业与家庭、青年与退休者、储户与消费者等。例如，修改退休年龄、支持职业教育、劳动力成本改革等。

环境与科技

政府可以采取多种手段，使经济发展更有质量。例如，直接或间接地鼓励投资，建立标准、质量标签、验证体系，以改善生产流程或消费模式。

结构性政策将影响宏观经济的主要指标处于均衡状态时的数值（潜在经济增长、结构性失业率）。

经济发展的源头

根据经济合作与发展组织发起的国际学生评估项目（Program for International Student Assessment，PISA）显示，法国学生的阅读能力排在70个被调查国中的第19位，科学和数学能力排在第26位。而根据国际成人能力评估调查（Program for the International Assessment of Adult Competencies，PIAAC），法国成人能力位于经合组织成员国的平均水平之下。

形势性经济政策

形势性经济政策的目标是在中短期内使几个关键经济指标达到（或重建）平衡，例如，GDP增长、就业、通货膨胀、净出口、公共财政。形势性经济政策包括由政府主导的预算政策和由央行主导的货币政策。

根据经济失衡的属性（即与某个参照指标相比，过剩或不足）和国家所处的经济周期，我们把形势性经济政策分为两大类。

形势性政策示例：当经济出现过热时

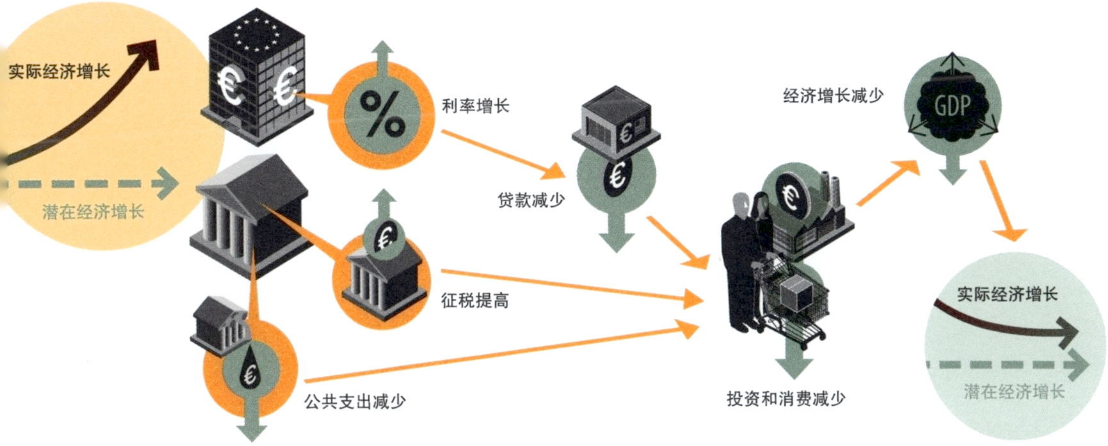

刺激政策

当经济体处于经济周期中的低位时（实际经济增长不及潜力、实际失业率超过结构性失业率、通货膨胀率不到2%的目标等），建议采取刺激政策，具体方法如下：

» 央行降低利息（适当的货币政策），政府提高支出（扩张性预算政策），并且促进市场需求（降低征税、提高家庭收入及社会补助金、提高消费水平和公共投资等）和市场供应（降低收费、鼓励对企业的投资等）。

刺激政策的目的是提高经济增长速度及就业率。而当经济处于高位时，如果实施不当的刺激政策，会导致通货膨胀过高，净出口量降低（如果国内生产无法满足新增的对商品和服务的需求，那么进口量会增长），政府财政赤字无谓加大。

紧缩政策

当经济出现过热（处于经济周期中的高位）时，应推行紧缩政策——提高几个具有指标意义的利率（限制性货币政策）、抑制甚至削减公共开支的增加（稳定性预算政策），以此控制或吸收通货膨胀、财政赤字、贸易逆差的压力。紧缩政策使经济和就业岗位的增长健康放缓：说“健康”是因为它避免经济失衡（泡沫、通货膨胀），甚至是发生经济和社会危机，使经济和就业岗位的增长更积极、更持久。

无论采取刺激还是紧缩的形势性经济政策，其目的都是与经济周期反向操作，从而控制关键经济指数的波动，使它们保持均衡。

公共财政如何影响经济增长？

政府部门地位特殊，在经济中扮演关键性角色。其负责财政预算的分配（包括支出和收入），对国家的经济发展发挥重大的作用，经济学家通常称之为“财政政策”。

政府部门对经济增长的杠杆作用

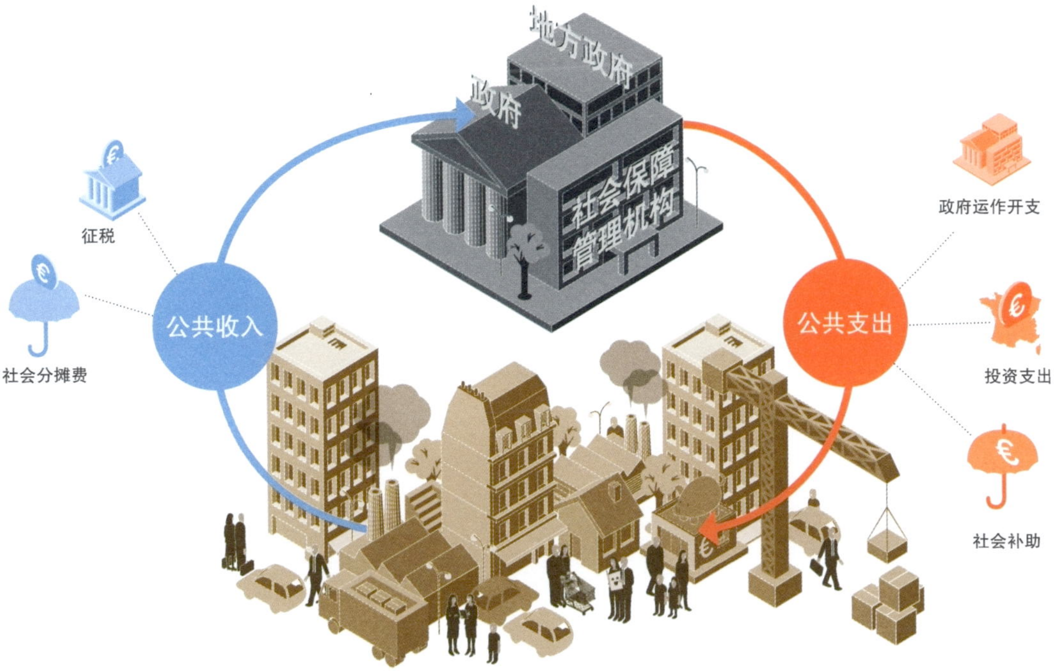

公共支出杠杆

政府部门可通过以下途径来控制公共支出，并以此对经济活动施加影响。

- 政府运作开支（人力成本、采购家具等）；
- 投资支出（采购家具或不动产、新工程建设、大型维修工程、贷款及预支等）；
- 社会补助（失业、家庭、居住补助等）。

政府增加或减少支出，可以为经济循环注入资金，或从中提取资金。例如，提高公务员的工资可能拉动家庭消费，但是也可能如李嘉图等式（参见第67页）所指出的，导致家庭储蓄增加，这就取决于政府采取哪种方法了。反之，减少投资将导致经济活动收缩，例如，降低与社会住房相关的支出将影响到建筑行业等。

▶

公共财政影响着GDP增长，反之，经济活动对公共财政的作用也很大。

扩张性财政政策：成功或失败？

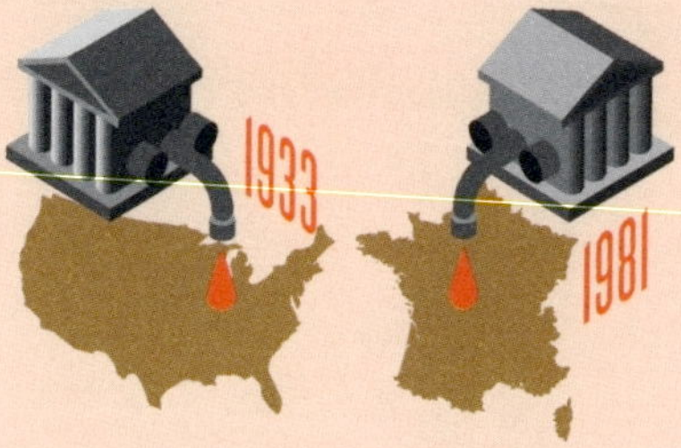

成功案例：

1933年至1938年，富兰克林·德拉诺·罗斯福（Franklin Delano Roosevelt）在美国推行的新政。

失败案例：

1981年，弗朗索瓦·密特朗在法国推行的经济重振政策。

以上两个案例中，政府主要通过加大开支来重振经济，目的是扶助经济条件较差的阶层。密特朗的经济重振计划之所以失败，一部分原因在于法国家庭主要消费进口产品（与美国家庭相反），该计划严重伤害了法国的贸易差额（参考第68页至第69页）。原本预期的经济增长和就业增长并没有出现，反而使法郎贬值的压力明显增大，因此，法国政府不得已采取紧缩性财政政策。

公共收入杠杆

政府部门可以通过公共收入对经济活动施加影响，尤其是调整对家庭和企业的征税水平。例如，提高增值税会增加生活成本，对家庭购买力不利，影响到家庭的消费开支。

从公共收入来看，政府部门也可以动用社会分摊费（cotisations sociales）的杠杆。例如，减少企业支付的分摊费，相当于降低企业的生产成本，政府希望企业能因此加大投资，并且（或者）增加用工人数。

自动稳定器的作用

公共财政可以主动对经济增长产生影响，也可以通过被动的方式做到这一点。作为一种经济调节机制，自动稳定器将发挥作用，缓解经济周期的影响。

以下是两个举例。

» 经济危机过后，失业率上升。如果失业者能够获得失业救济金，那么他们不必过多减少消费开支，对经济造成的不利影响可以得到缓和。

» 在经济活动明显加速的环境下，工资水平将大幅提高，国民为工资性收入所缴纳的税随之提高，从某种程度来说，这将抑制消费和投资的增长，从而影响GDP的增长。

经济增长影响公共财政

公共财政影响GDP，反之，经济活动对公共财政的作用也很大。

正如前文提到的几种机制，财政收入会随着经济增长而增加，而且公共支出也可能因此增加。反之，经济下行将导致政府的税收减少，其后果是可用于公共支出的钱减少。

因此，经济与财政部的团队对GDP增长的预期，将在很大程度上影响财政法案（其作用是帮助制定下一年的政府预算）。它可以帮助政府预测财政收入（以及与社会补助相关的支出），因此也决定了同一阶段的财政支出。同样地，如果实际经济增长不如预期强劲，那么实际财政盈余会比拟定财政支出时的预期盈余更差（反之亦然）。

成功或失败：李嘉图等式

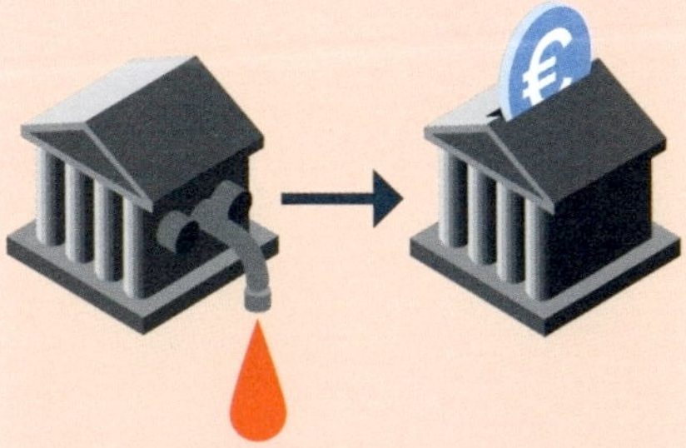

19世纪古典学派经济学家大卫·李嘉图（David Ricardo）认为，当下的国家债务增长等同于未来为了偿还而多征收的税收。如果经济参与者的行为是理性的，那么通过国家债务而实现的扩张性预算政策并不会促进它们消费或投资，反而会使它们增加储蓄，因为人们对未来的预测是将承担更高的税收，这样一来，这项政策就毫无作用。从某种程度上，部分国家的经验已经证实了这项理论。

财政措施对法国经济增长的影响

(Source INSEE)

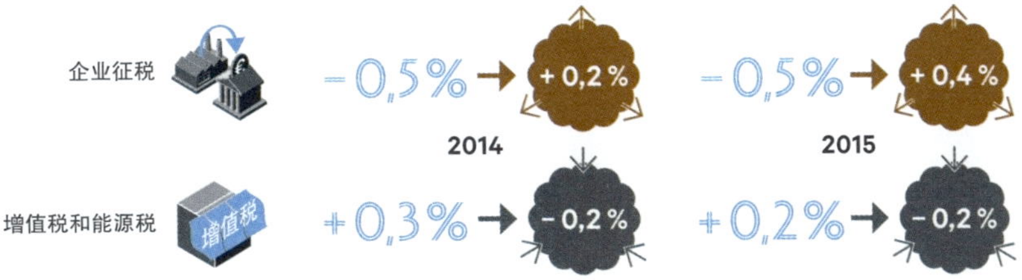

2014年至2015年，法国政府实施企业降税措施。例如，竞争力与就业税抵免政策（crédit d'impôt pour la compétitivité et l'emploi）、责任与团结协议（le pacte de responsabilité et de solidarité），每年减少的税收占GDP的0.5%。根据法国统计局的数据，这使法国经济在这两年里分别提高了0.2%和0.4%。

相反，2014年至2015年，法国政府间接提高对家庭的征税（提高增值税和能源税），这笔额外的财政收入分别占到GDP的0.3%和0.2%，但对经济增长起到了负面影响，造成每年GDP均下跌0.2个百分点。

经济政策：并没有魔法！

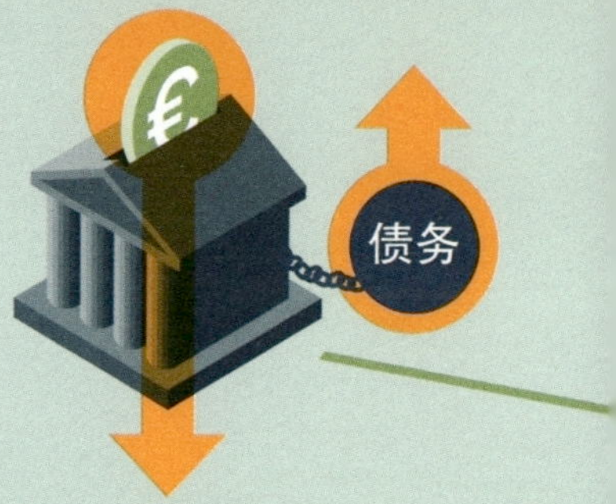

通过负债来降低税收，以此提振经济

根据国家制定的经济政策，政府部门颁布了一系列措施，目的在于刺激或抑制短期经济发展，并提高潜在经济增长率。这些措施可以被看成是经济参与者之间的财富转移，例如，为了落实经济措施，如果需要通过负债来筹集资金，那么这些债务将由纳税人在未来承担。当然，资金也可能来自不同行业或经济参与者之间的财富转移。然而，没有人能保证经济政策是否一定会有效，因为说到底，经济参与者可自由决定其行为。

经济参与者之间的财富转移：以社会增值税为例

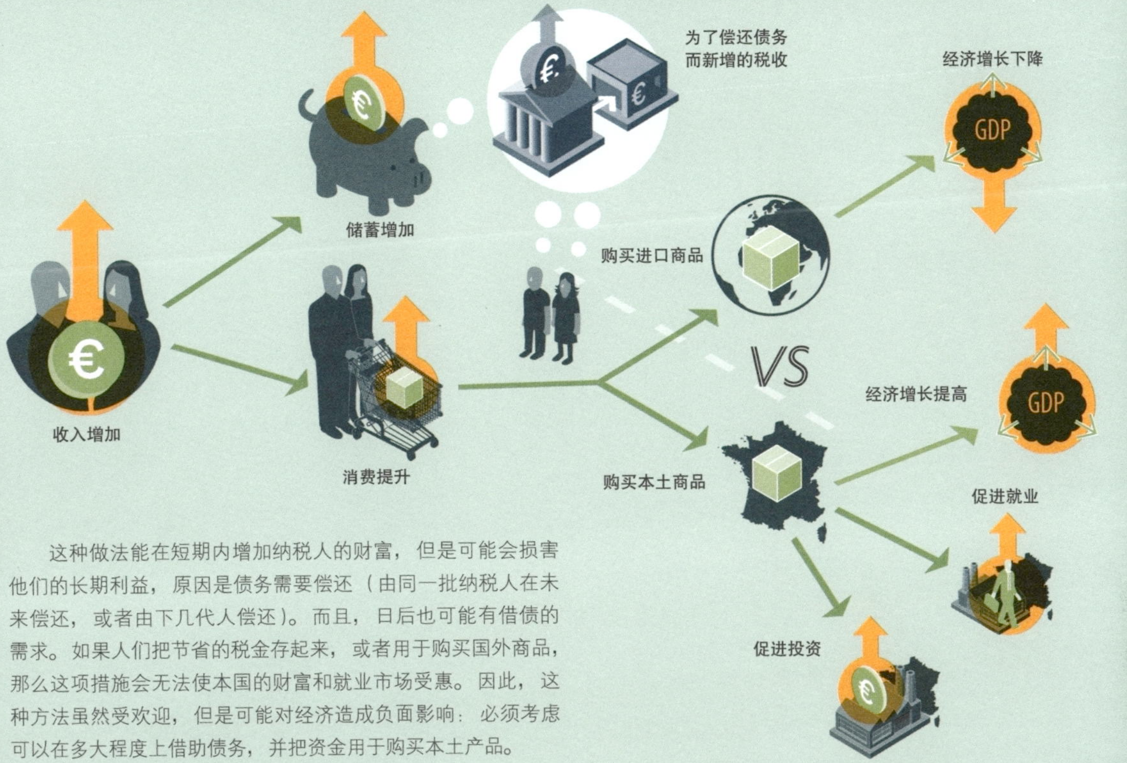

这种做法能在短期内增加纳税人的财富，但是可能会损害他们的长期利益，原因是债务需要偿还（由同一批纳税人在未来偿还，或者由下几代人偿还）。而且，日后也可能有借债的需求。如果人们把节省的税金存起来，或者用于购买国外商品，那么这项措施会无法使本国的财富和就业市场受惠。因此，这种方法虽然受欢迎，但是可能对经济造成负面影响：必须考虑可以在多大程度上借助债务，并把资金用于购买本土产品。

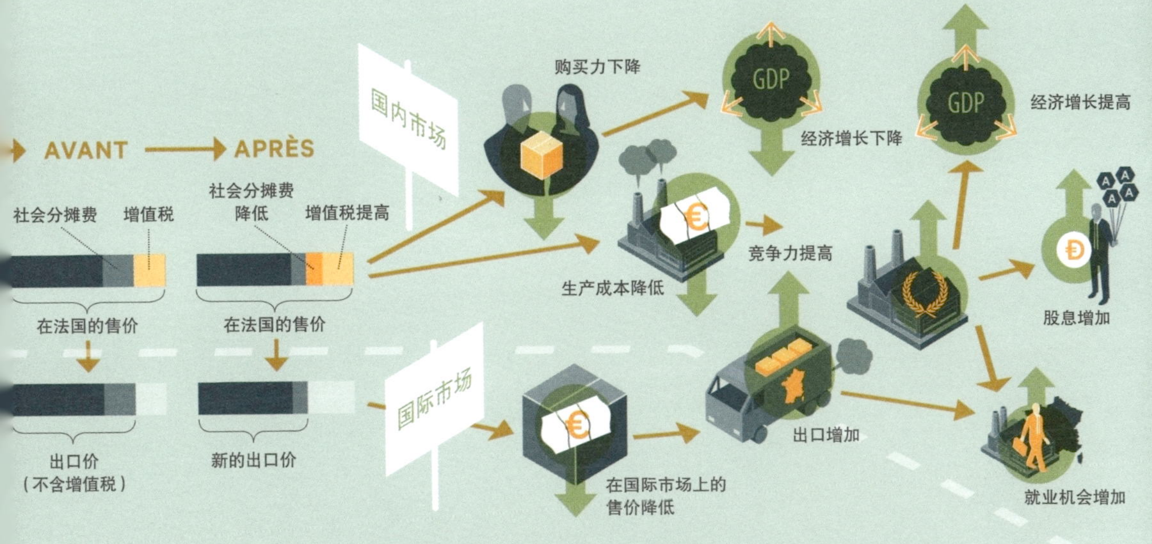

通过提高对消费的征税（例如增值税，Value-added Tax，VAT）来降低企业的社会分摊费，从而将企业成本转移到消费者身上。短期内，消费者的利益将受损（他们的购买力随价格上涨而下跌），但是长期而言，他们可能受惠。企业竞争力得到提升，因此产生更多就业机会、收入（工资）和财富……但是没有人能保证企业一定会这样做：谁知道它们会把增加的利润用到哪里呢？

公共财政由哪些部分组成？

不要以为公共财政管理只是由对应的行政机构负责，它牵涉到全国的政府部门。连中央政府（各部委、领导人、省政府等）也只是冰山一角，还包括社会保障机构（疾病、灾害、家庭、老龄人口事务），以及地方政府（市镇、省、大区）。

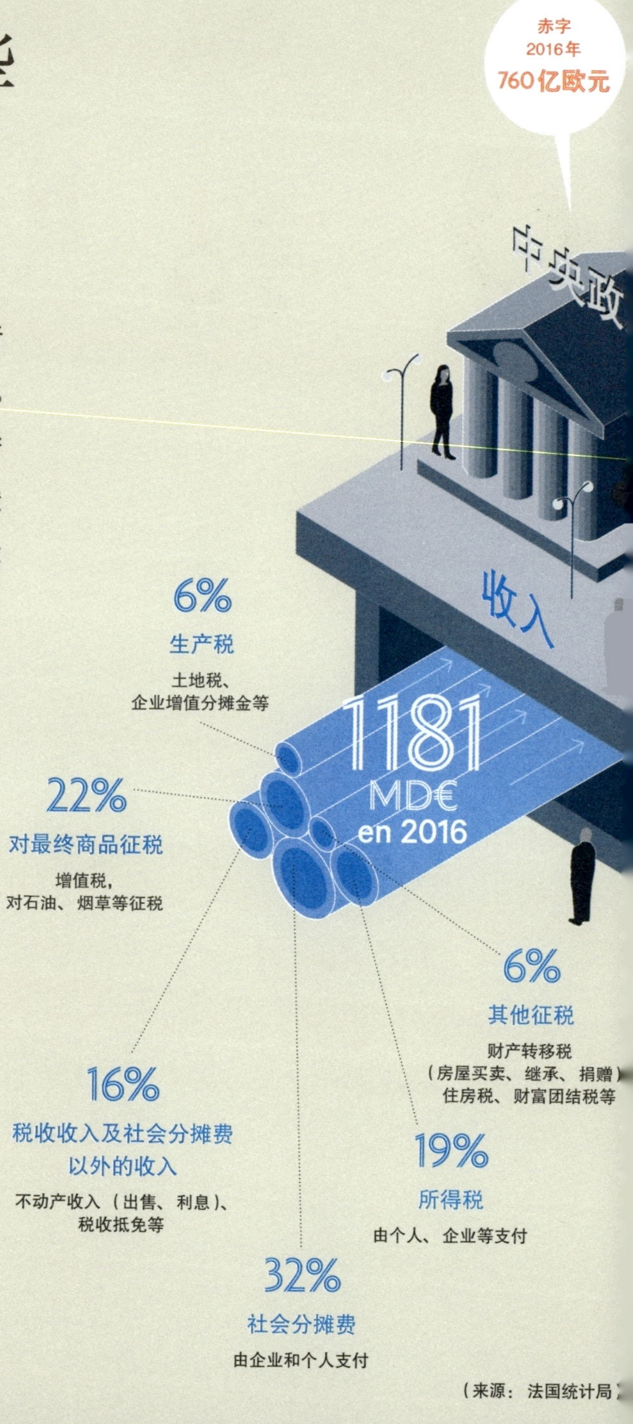

（来源：法国统计局）

1996年及2016年

法国政府收入结构及各项的GDP占比。

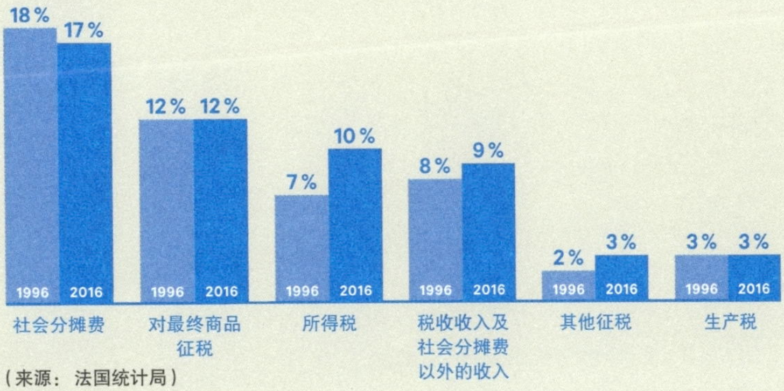

（来源：法国统计局）

1978年起，法国总债务占GDP比例

（来源：法国统计局）

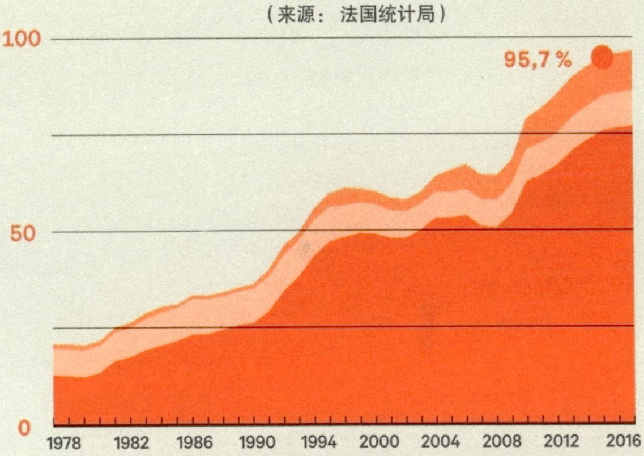

2015年，法国总债务占GDP的95.7%，净债务占86.9%（即扣除公共债权）。

6%
非金融资产净购买
对基础建设（道路、桥梁）、楼房、科研等的投资

3%
债务成本
公共债务的利息

32%
政府运作开支
政府雇员的薪水、中间消耗（如公共机构的维护）等

58%
社会补助金及补贴
失业及家庭补助金、国际援助、税收抵免（如竞争力及就业税收抵免）等

2016年公共债务

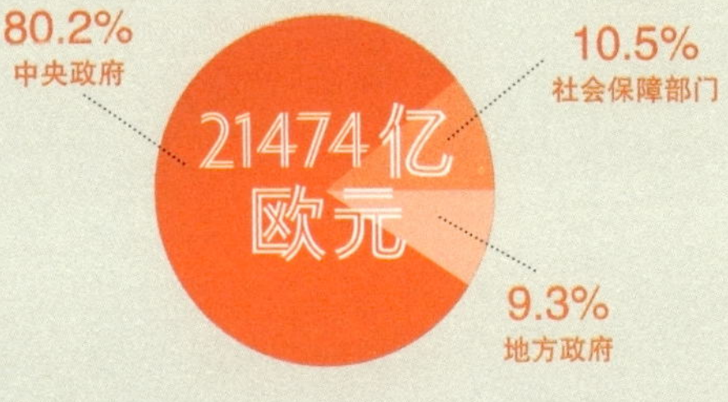

中央银行起什么作用？

从广义上来说，中央银行管理一个（或一些）国家的货币。它通过控制货币流通量来抵制通货膨胀，保障金融体系的稳定（央行是银行的银行），并维护货币的三个功能（即交易媒介、记账单位、储藏价值）。在制定货币政策方面，央行不受政府干预，是一个独立的机构。

任务

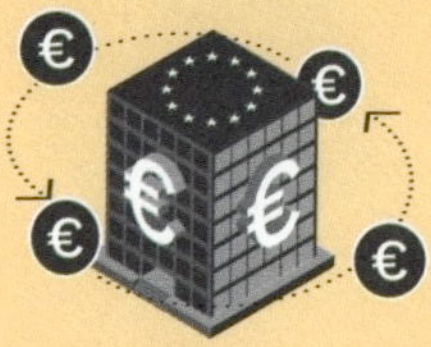

管理货币流通，以此维持一个国家或货币区的价格稳定（通货膨胀率保持在2%）。因此，央行的主要工具是贴现率，并通过调整贴现率，央行为“金钱的成本”制定价格。

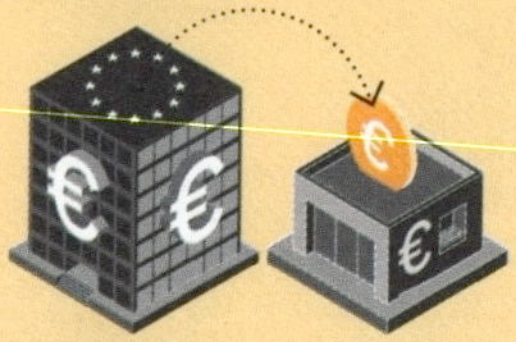

为了保障金融体系的稳定，央行可向商业银行提供资金（央行是银行的银行），并且当商业银行的资金流动出现问题时，央行将扮演“最后贷款人”的角色。

发行法定货币（制造、发行硬币和纸币），维护货币作为交易媒介、记账单位、价值储藏的功能，对内能抵御通货膨胀，对外能应对汇率波动。

认识货币

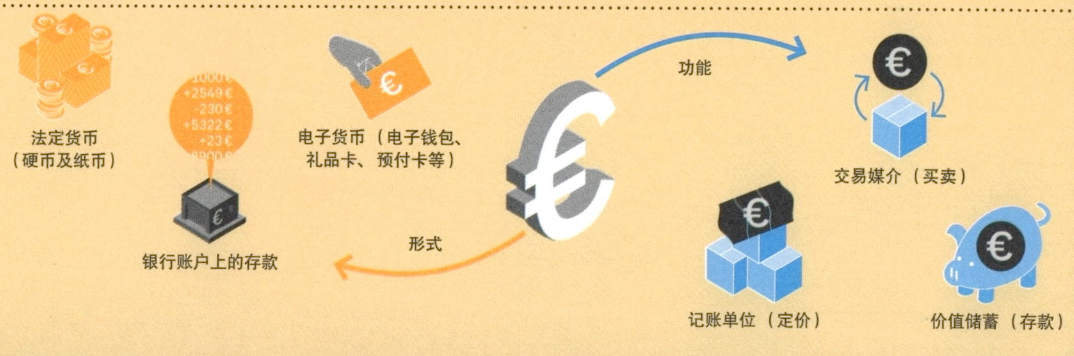

工具

贴现率是央行管理货币流通量的主要工具。当一个经济体面临通货紧缩，并且它的贴现率非常低时，央行将通过购买金融资产的方式直接为市场注入流动性资金（增加货币供给），这是另一种提振物价的方法。

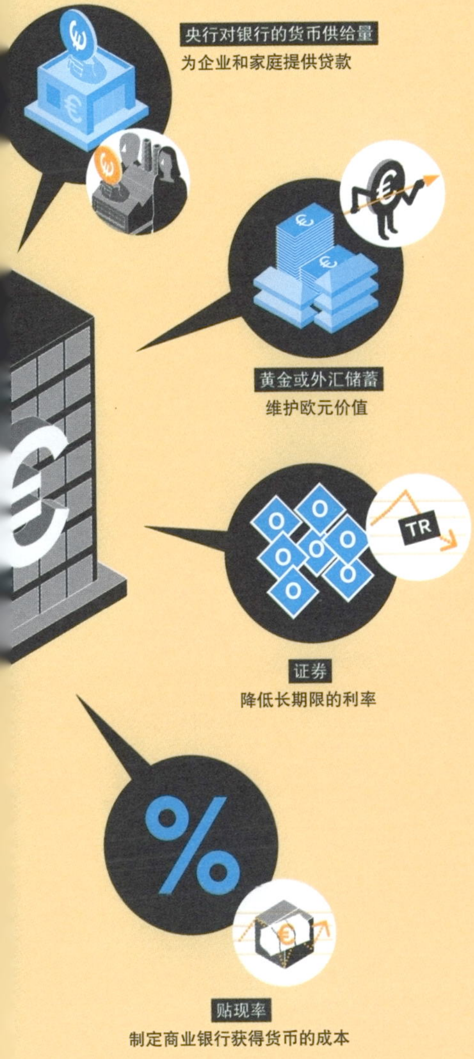

1999年起，欧洲中央银行贴现率及资产

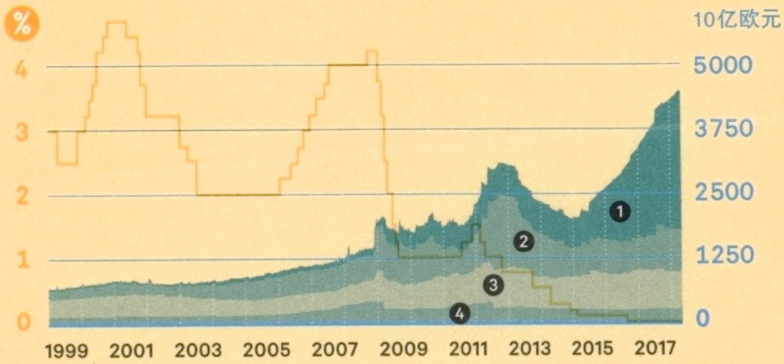

（来源：欧洲中央银行）

在下列情况下，欧洲中央银行会调整其资产负债表。

- 银行系统的需求——欧洲央行将增加流动资金的数量；
- 欧洲央行需要参与债券市场，即欧洲央行将购买债券，以此降低长期限的利率。历次经济危机迫使欧洲央行多次参与到市场中。

2017年欧洲中央银行的账上有什么？（单位：10亿欧元）

资产

- 2700 证券 ❶
- 800 信贷机构贷款 ❷
- 750 黄金及外汇储蓄 ❸
- 250 其他资产 ❹

负债

- 1200 流通货币
- 2600 信贷机构账目
- 100 资本及储备
- 600 其他负债

央行的独立性

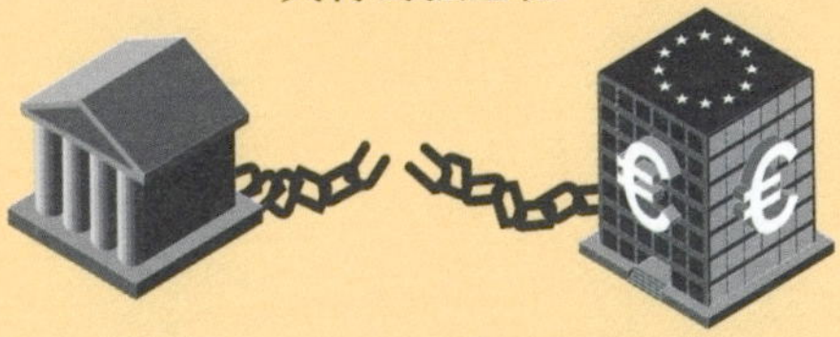

当今世界上大多数大型央行都是独立运作的（并非向来如此），这意味着控制着预算政策的政府无权干预货币政策，这种做法有两个主要目的。

- 避免公共债务货币化，也就是为了偿还债务而开动印钞机；
- 避免选举周期效应。为了有助于选举，政府可能采取宽松的货币政策，以刺激短期的经济活动和就业，这将损害价格稳定和经济长期、均衡的发展。

欧洲中央银行如何管理欧元区的货币政策?

管理货币政策是中央银行的职责。在欧元区，承担此项任务的是欧洲中央银行。它有两个目标：第一，保障货币系统的良好运行，这对于银行与金融体系的稳定，以及支付系统的平稳运作至关重要；第二，控制通货膨胀。

贴现率及其效应

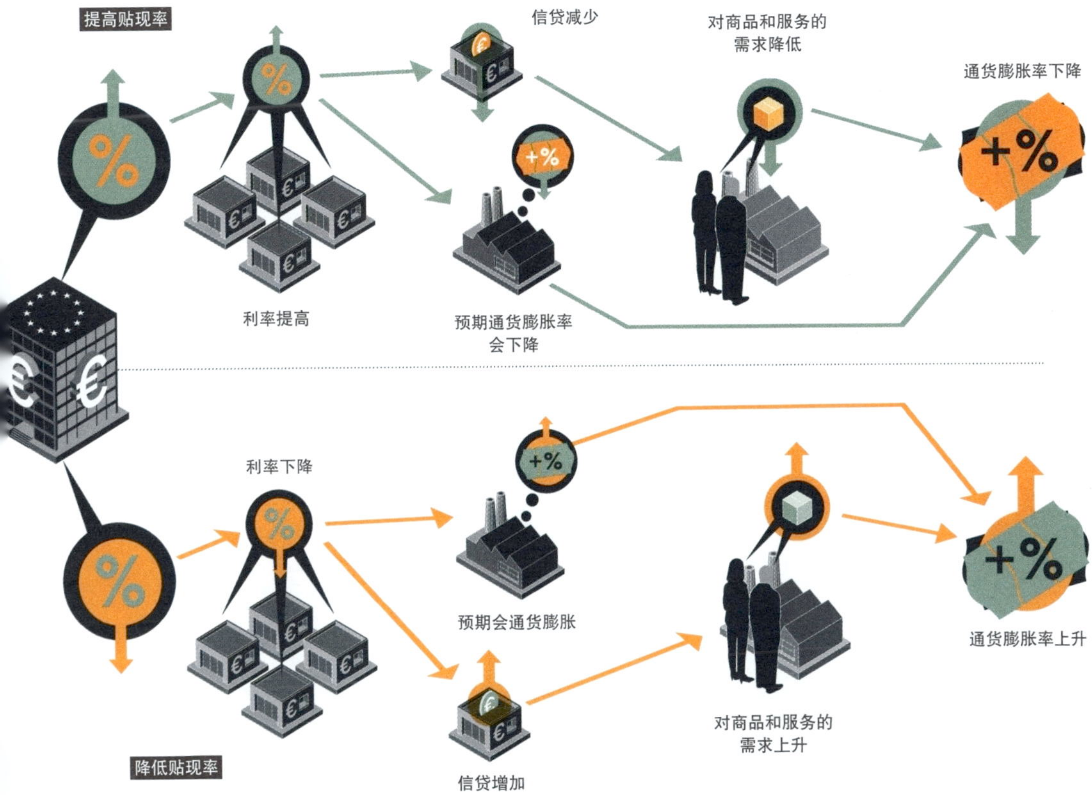

央行无法选择自己的职责。根据《欧盟运行条约》(*le traité sur le fonctionnement de l'Union européenne*，第127条)，欧洲中央银行的主要目标是稳定价格水平。虽然，条约并未像美国那样明确描述其职责，但是指出“不可损害稳定的价格水平”，而应支持以“建立在均衡的经济发展和稳定的物价水平上的可持续经济发展，以及促进充分就业和社会进步、具有高度竞争力的市场经济”为目标的政策。

稳定的价格水平

为什么稳定的价格水平如此重要？为什么它不等同于零通货膨胀？欧洲中央银行不把0%的通货膨胀率作为目标，因为它可能引发经济发展的恶性循环。如果市场预期价格不变，甚至下降，那么人们将推迟消费计划，从而伤害经济增长和就业，进而导致价格持续下跌。过高且波动无常的通货膨胀会引起经济危机，使经济参与者对未来不确定。价格缺 ▶

金融资产购买是如何运作的？

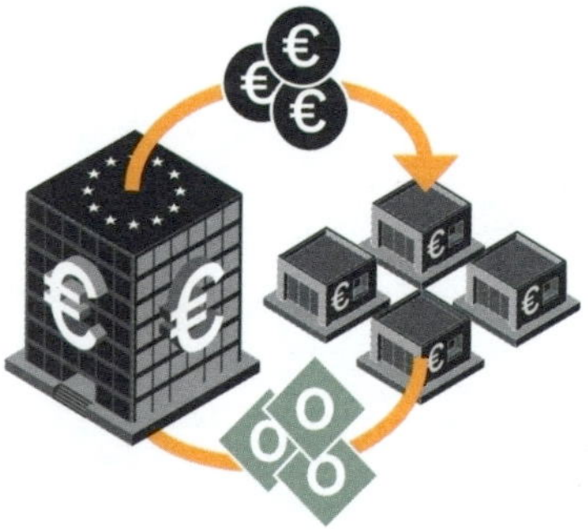

欧洲中央银行通过购买债券，
向市场投入欧元。

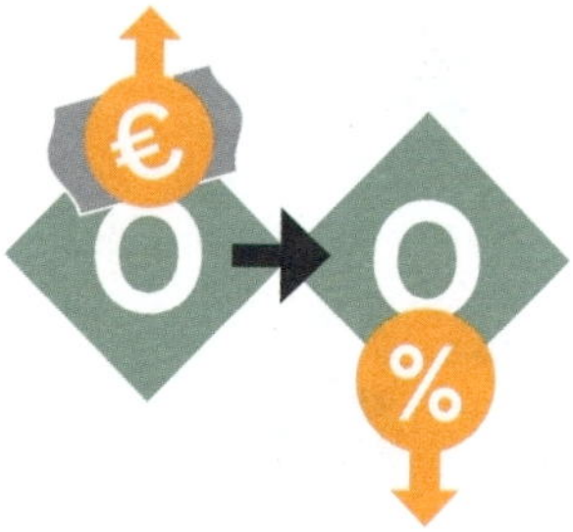

购买金融资产造成债券价格上升，
因此基准利率下降。

各种长期利率纷纷下降。

乏稳定性，将妨碍市场做出理性的消费和投资选择。如果市场对价格的中期发展抱有怀疑的态度，它们如何制订一项投资计划的方案呢？反之，如果市场预期稳定，将形成一个可预测、可实现的经济环境，这也是经济持续发展的基石。在调节经济周期方面，欧洲中央银行扮演重要的角色，它把中期通货膨胀率的目标设为“低于但接近2%”。该数字并不是根据经济学理论或数学计算而得出的，它是大型央行（英国、美国、日本）的共同选择，因为这个水平有助于控制通货膨胀。

货币管理

为了实现价格水平的稳定，欧洲中央银行的首要任务是货币管理。其掌控货币流通量和货币的“批发价”，即银行贴现率。货币量不仅指硬币和纸币，还包括银行账户中的存款和金融商品。货币的需求量不受人控制，人们将商品和服务、金融商品及其他外币转化为货币（买与卖），从而便于交易（交换），甚至价值储蓄（存款）。

调节者

欧洲中央银行掌管货币的供应。从数量上来说，货币总量的增长必须与商品和服务的生产增长同步，这一点非常重要。如果货币的增长量过快，那么把它与商品关联，货币的价值将降低——对于同一件商品，需要更多欧元才能购买，这就引起了通货膨胀。欧洲中央银行可调节货币的流动性，它把控着流动货币的过剩或短缺，但是准确地说，它不直接决定货币的总量。实际上，尽管欧洲中央银行是唯一有权印发货币的机构，但是投放货币并不等于印刷钞票（钞票只是提

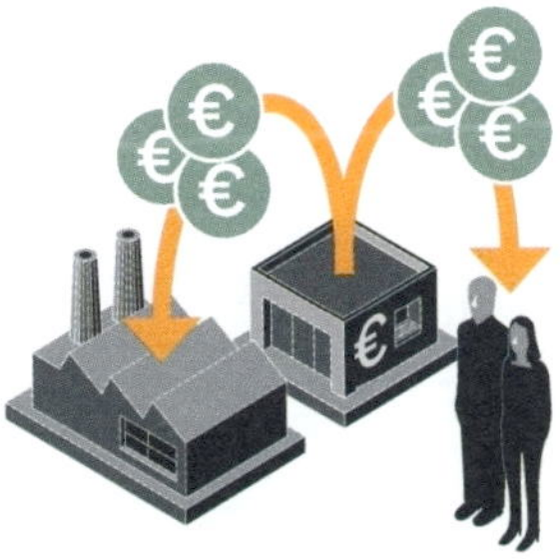

为了消费和投资，
经济参与者需要申请信贷。

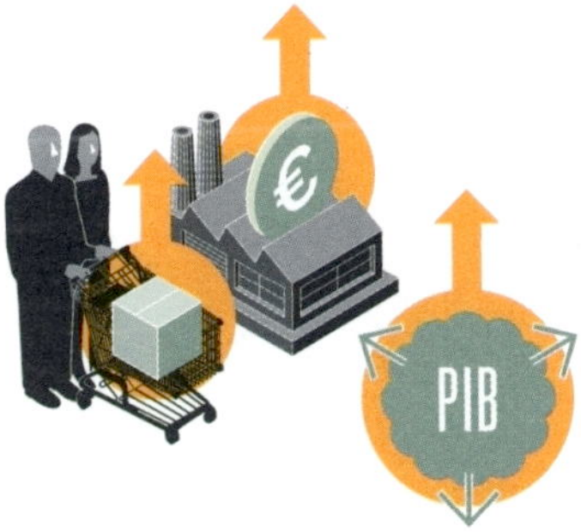

需求赤字将消失。

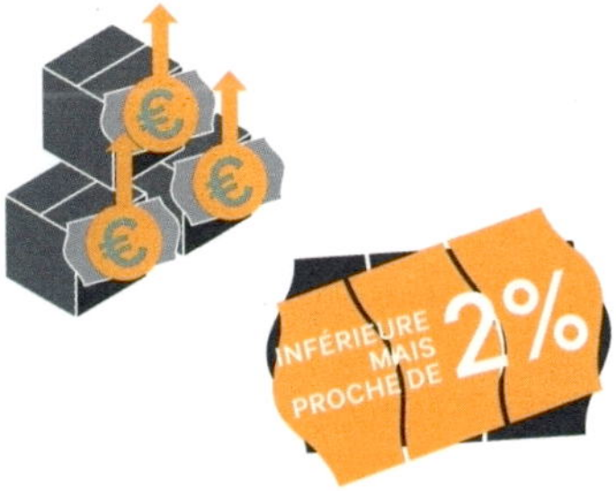

通货膨胀率将上升至2%附近。

供了等价值的东西)。商业银行对家庭或企业发放信贷是货币扩张的唯一方法（归还贷款将导致货币收缩)。只有银行发放信贷，才能使银行账户里凭空“长出”欧元（储户将工资存入银行等行为不过是金钱在两个经济参与者之间转移罢了)。

贴现率

欧洲中央银行通过贴现率来决定货币的价格，以此控制货币流通总量，并对信贷发放施加影响。为了从中央银行获得流动资金，商业银行与它交换金融产品，以此满足市场对货币的需求，其成本就是由贴现率决定的。贴现率是唯一可人为操作的利率，它是一个短期限的利率（一周)，其他利率（从隔夜利率到50年期利率）都由经济参与者自行决定，并能引起货币和债券市场的供需对立。

为了维持稳定的价格水平，欧洲中央银行还可利用经济参与者对它的信任度。

此外，欧洲中央银行还能介入金融市场，使长期利率下降，但是无法直接设定长期利率。

信任度

为了维持稳定的价格水平，欧洲中央银行还可利用经济参与者对它的信任度。它可以向市场说明它的货币政策，并加强沟通，引导经济参与者的预期，使它们相信央行具备认真对待自己的职责，从而对央行无法决定的利率产生影响（如房贷利率)。欧洲中央银行越是受经济参与者信赖，它对利率的影响力越大。如果央行拥有利率的主导权，那么它终将影响消费商品和服务的价格。

劳动市场

4

失业会造成什么后果？

失业，即个人有劳动意愿，但处于无业状态，这对相关的个人可能造成严重的后果——他们的财务状况、社会地位，甚至身体健康都会受到影响。失业还会引起社会不安全感上升（健康危害及对职业的焦虑），间接地对在职人员产生负面作用。显然，社会集体将为失业付出代价，当相当一部分人口受到失业波及时，它的代价会非常大。

失业与自杀的趋势有关联性

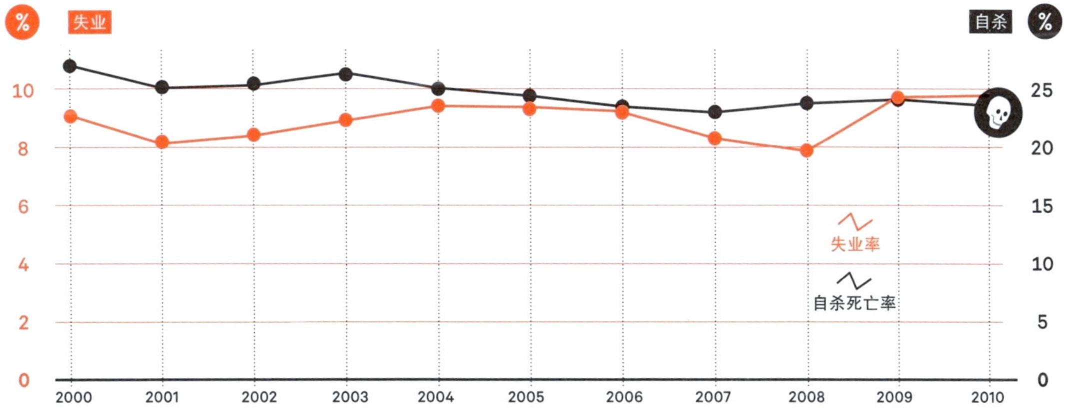

（来源：法国经济与社会委员会、法国国家健康与医学研究院、法国统计局）

失业会造成什么直接后果？

» 购买力下降、超债务危机

尽管失业者可以领取救济金，但是他们的收入肯定不如工作的时候高，而且救济金将随着时间的推移而减少。这将造成个人购买力和幸福感进一步下滑。如果他们的名下还有债务，那么超债务的风险将上升。一旦停止还款，他们的财产会被没收，甚至会被驱逐出原有的住房。

» 社会排斥

对劳动者而言，企业是主要的社会活动场所之一，失去工作，通常就会连带着失去了职场关系，而职场恰恰可以满足一个人对归属感的需求。此外，失业者在社会上的价 ▶

公共健康问题

10000 À 14000

每年，由失业引起癌症、心脑血管疾病等，导致死亡的人数

（来源：法国国家健康与医学研究院《国民维生素及抗氧化矿物质摄入研究》，2015年）

失业者自杀的风险比在职人员高2.2倍。

1/4

每四位失业者中，就有一位经历过抑郁。

（来源：调研统计促进署，2015年）

+10% ≡ **+1.5%**

失业率　　自杀率

失业与公共财政

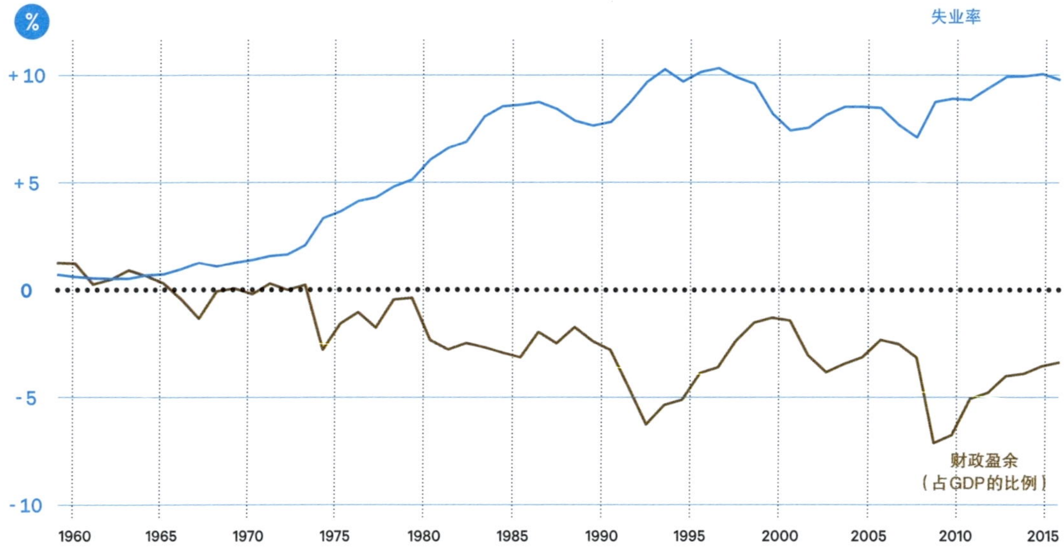

（来源：法国统计局）

值较低，这会严重伤害个人的自我认识和自尊心。长期失业是引发社会排斥的主要原因之一。

身心健康下降

从某种程度上来说，个人的身份和社会地位与他从事的职业有关，长期失业可能影响个人均衡状态。大量研究表明失业与疾病以及自杀之间存在关联。

长期失业是引发社会排斥的主要原因之一。

失业会造成什么间接后果？违法犯罪上升

长期失业容易把失业者推向犯罪。大量研究表明，大多数偷窃、非法交易、暴力的犯罪者往往面临生活不稳定和被社会排斥的问题，而这些问题都与失业存在内在联系。

引起就业人口的不安全感上升

失业率上升将使不安全感在上班族群中蔓延，他们会担心失去工作。这种不利的社会环境将破坏工作环境，迫使人们处于压力状态下，这可能对他们的身心健康产生负面作用，同时损害企业的业绩表现。

失业的集体代价

当失业成为普遍现象时，它会对公共预算造成压力，并对社会财务产生严重的后果。

» 直接成本：社会支出增加，劳动者分摊费减少，财政收入（收入税、增值税等）减少。

» 间接成本：一方面，与失业、压力和对失业的担忧相关的疾病增多，导致医疗开支增加。另一方面，由失业引起的犯罪增多将增加社会安全及司法开支，尤其是司法机构的运作成本。财政赤字的扩大将造成公共债务的增长，导致社会没有新增财富。因此，近几十年来，公共债务和赤字不断增长，其中一部分原因在于失业率上升导致社会开支增加，而不应完全归咎于糟糕的公共财政管理。

对金融的影响

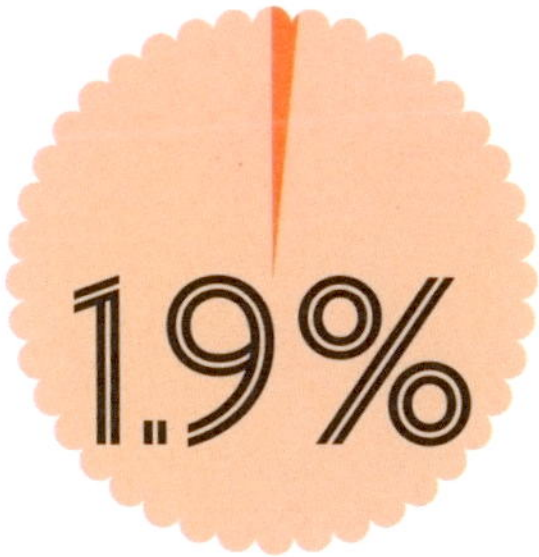

为失业者提供的补助金达到了410亿欧元，
占GDP的1.9%。
（来源：法国经济与社会委员会，2015年）

360亿欧元

由失业产生的公共支出达到360亿欧元（其中将近120亿欧元来自税收和社会分摊费，这部分原本可作为公共收入），然而，还有230万失业者未能领取补助。

（来源：法国经济与社会委员会，2015年）

贫穷危机

1100€/月

失业者的每月平均补助金为1100欧元。39%的失业者未领取补助，50%的失业者的每月补助金少于500欧元。

（来源：法国经济与社会委员会，2015年）

如何计算失业率？

衡量失业率不是一件容易的事。即使在同一个国家，对失业的定义不同、信息采集方法不同，也会得出不同的结论，其差异往往大到令人无法忽视。以法国为例，负责失业数据统计的两家机构——法国统计局和法国就业服务中心（Pôle emploi）给出的结果就差别很大。

法国统计局与法国就业服务中心：2006年至2016年失业统计的巨大差距

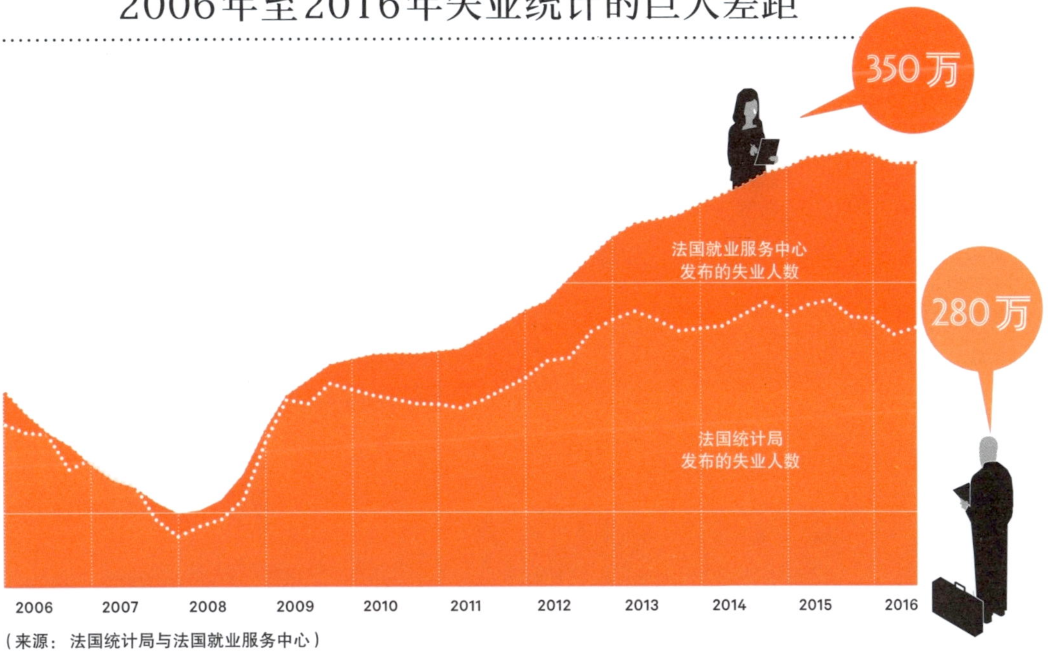

（来源：法国统计局与法国就业服务中心）

有时候，虽然失业人数减少，但是失业率并未下降。

21世纪初，法国统计局和法国就业服务中心所公布的失业人口数量相差越来越大。2016年，法国就业服务中心认为法国本土的失业人口达到350万人，而法国统计局认为只有280万人。更糟糕的是，对于失业人口变化，两家机构不时会给出相反的结论，例如2013年第二季度，法国就业服务中心公布新增3.7万失业者，而法国统计局公布的则是减少了8.7万。因此，我们应当结合两家机构的研究方法，客观地解读这些数据。

不同定义

在法国，失业者可前往法国就业服务中心登记，其规定是“凡居住在法国本土、有工作能力并正在求职者，只要满足登记条件、提供住所信息、出示任意符合要求的身份证件，就可登记为失业者”。

而法国统计局则沿用了国际劳工局对失业的定义，与国际标准一致：达到就业年龄，即15周岁及以上，并同时满足以下三个条件 ▶

可视为失业者。

- 无工作，也就是在为期一周的调查参考期内，工作时长连一小时都不足；
- 可在15天内入职一份新工作；
- 在前一个月内积极找过工作，或者已找到一份可在三个月内开始的工作。

以上对定义的差别是导致两家机构得出不同结论的一个原因：在法国就业服务中心登记的失业者并不一定是国际劳工局所认为的失业者。

不同方法

法国就业服务中心公布的数据是其信息库中记录的求职者人数，而法国统计局则是在超过10万人中进行调查而得到结果。

失业人数的分歧源于不同的研究方法。一些在求职中受挫的人可能告知法国统计局他们并没有积极地寻找工作，然而他们却可能是法国就业服务中心记录在册的失业者。自2013年起，两家机构的分化愈加明显，这还可能与法国统计局新实施的调查方法有关，尤其是它重新表述了调查中的一些问题，造成相当一部分受访者的回答被曲解了。

从失业到失业率

当经济学家们讨论失业时，他们更重视失业率的数字，并非失业人数本身。失业率指的是失业人口占劳动力人口（就业人口+失

更多知识

国际劳工局成立于1946年，是国际劳工组织（International Labour Organization）的秘书处，后者是一家联合国专门机构。国际劳工局的主要任务是厘清与工作和就业，尤其是与失业者相关的概念和定义，使之符合世界各国的情况。

= 14.5万名
失业人口

法国统计局的专家指出，该数字是调查问卷修改对2014年第一季度的统计结果产生的影响。

+ 220万

这是法国统计局预期2060年劳动力人口的新增数量，该数字几乎是2025年预期增长人数的两倍。

哪些是非劳动力人口?

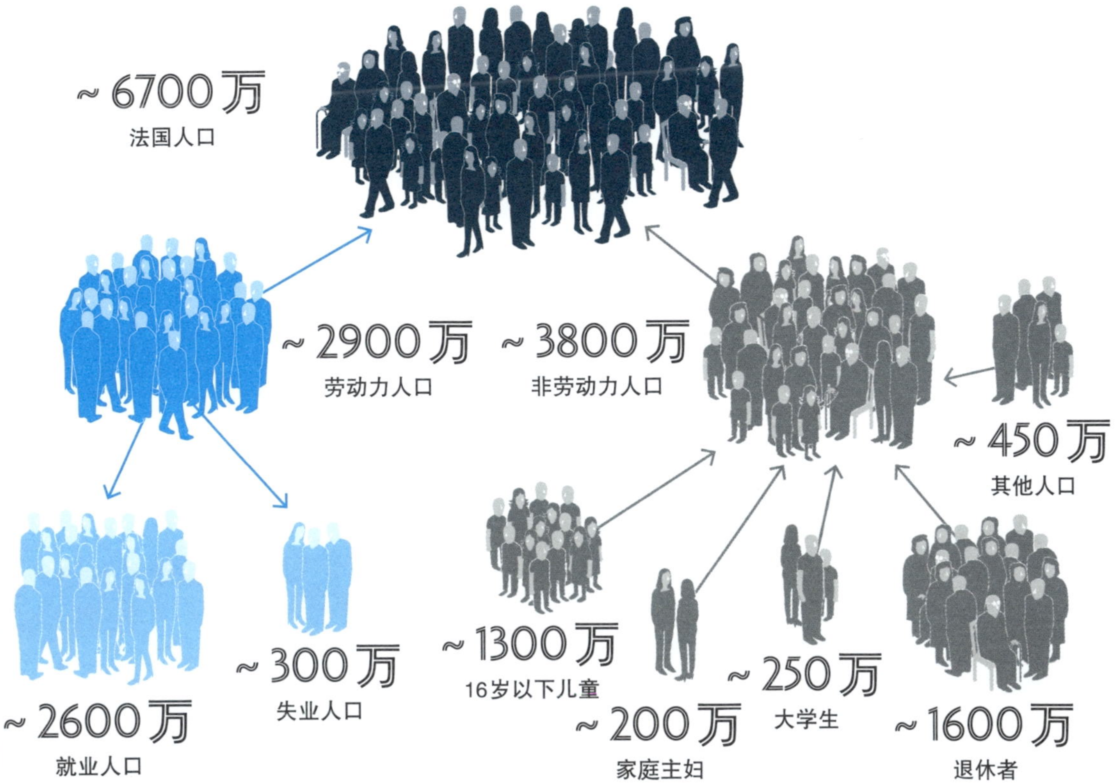

业人口，不计入在校学生、大学生、退休人口，以及有意处于赋闲状态的人群）的比例。经济学家认为，失业率将失业人口与有就业能力或意愿的人群进行对比，有助于了解失业现象的具体情况。因此，为了分析失业率及其趋势，需要掌握失业人口及劳动人口的数量。失业率下降并不一定与新就职者的人数成正比，它可能是新增失业人口低于新增的满足就业条件者数量而导致的。有时甚至会出现失业人数减少，然而失业率并没有下降的现象。例如2010年第四季度，法国统计局公布的失业者数量减少了1.7万人，然而失业率纹丝不动，这是如何造成的？因为从劳动力人口来看，其数量大大缩水（减少18.4万人），这背后的主要原因是被企业辞退的员工没有申报失业（有意或无意），且当员工退休后，企业并未另找新员工来代替他们。

什么是就业的“灰色地带”？

2580万

法国就业人口

因缺少清晰的界定而难以判断公民的就业状态，这种情况被称为就业的“灰色地带”，它既可指非正式职业，也可指不稳定或混合型劳动状态。

140万

类失业者

什么是“类失业”？

国际劳工局对失业的定义忽视了失业人口与非劳动力人口之间可能存在不清楚的界定：有些人实际上有工作意愿，但是被“归类为”非劳动力人口，可能因为他们无法立即上岗（三个月内），或者没有积极寻找工作，这类人被称为类失业者。

劳动力人口的14.3%

2016年，包括正式失业者及类失业者在内，法国失业者总数超出400万，约占劳动力总人口的14.3%，该比例比官方发布的失业率高出约50%，说明政府低估了这一社会问题的实际规模，落实抗失业措施因此更加刻不容缓。

（来源：法国统计局）

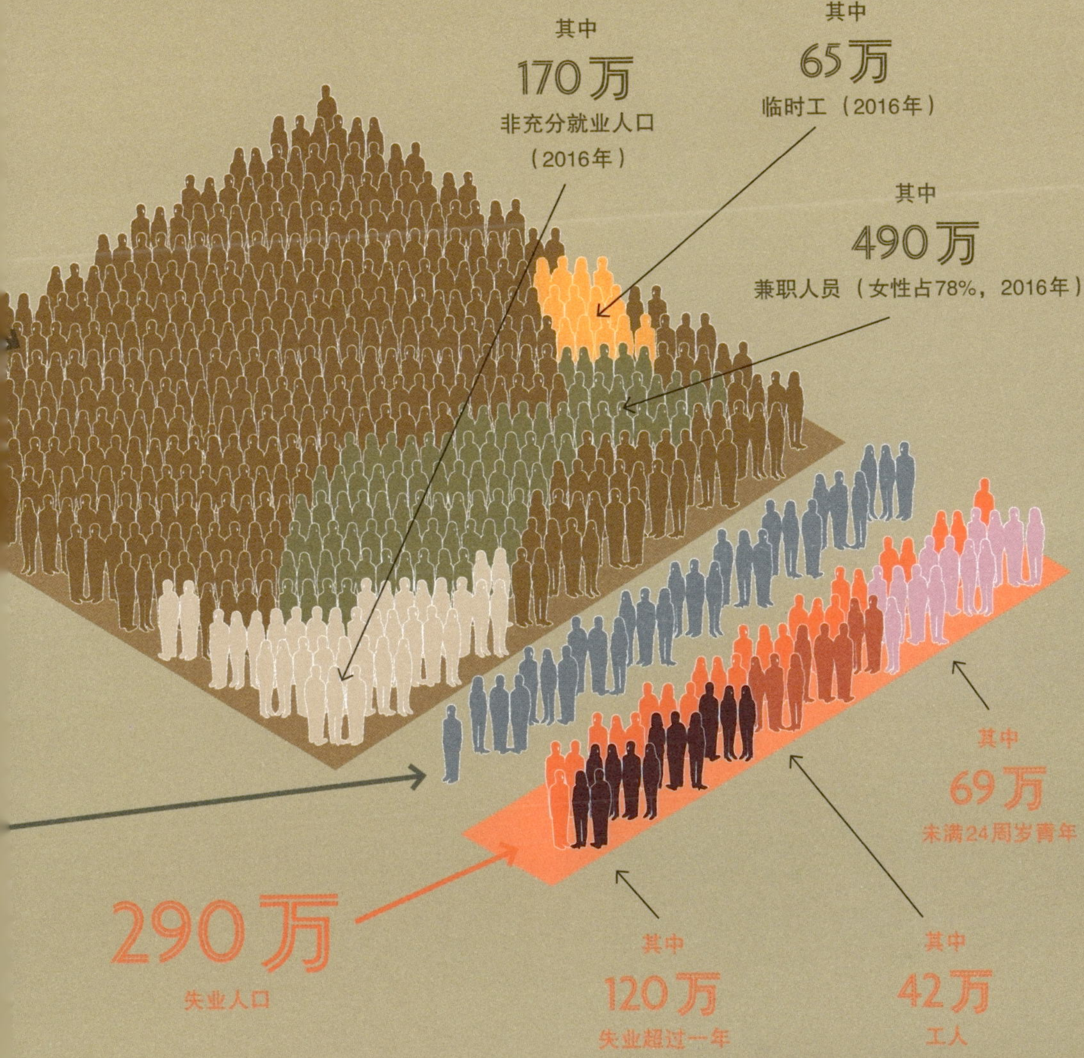

劳动力人口的**20%**

为了统计劳动力人口中“未真正就业”者的数量，我们将统计失业者、类失业者、非充分就业人口数量的总和。2016年，该数字约为600万人，占劳动力人口的比例将近20%。

（来源：法国统计局）

70%为妇女

2016年，非充分就业人口为170万，其中超过70%为女性。

（来源：法国统计局）

什么是非充分就业？

根据国际劳工局的标准，非充分就业指的是就业人口中符合以下两种情形之一的人群。

- 工作时长不足，有意愿、也有条件工作更长时间（统计时不考虑他们是否在积极寻找工作）；
- 工作时长不足（不同于与上述情形）或有全职工作，但是在为期一周的调查参考期内，他们的工作时长少于平时，原因是他们正处于半失业（技术性失业）状态，或者恶劣天气影响了工作的开展。

劳动市场

失业面前，人人平等吗？

从定义上看，失业率的统计存在一定缺陷。另外，如果我们进一步思考，会发现失业率还掩盖了各人群之间的不均衡性。无论是法国还是其他国家，性别、年龄、教育水平，甚至社会职业类型等因素都会造成失业率的差异。

法国失业人口

各社会职业类型的失业率（来源：法国统计局、欧洲统计局）

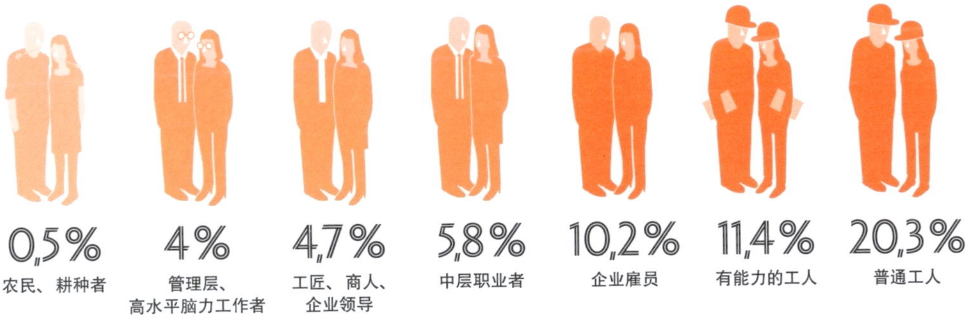

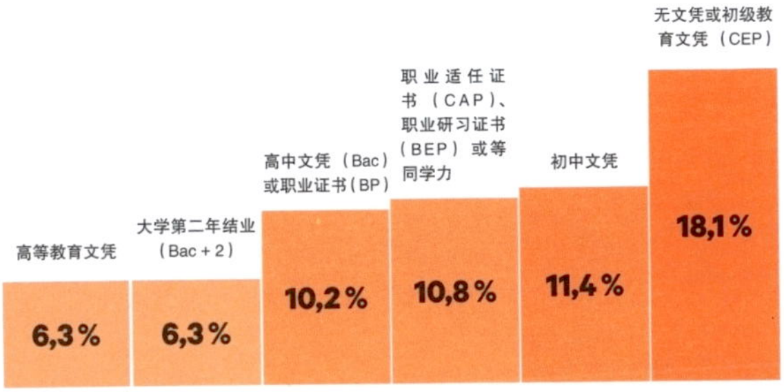

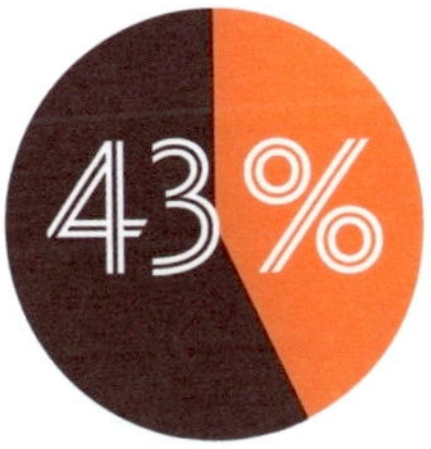

2016年，失业超过一年以上者的比例，比2008年金融危机前高出约10%。

失业容易找上年轻人

初入职场的年轻人面临失业的风险更高。2016年，法国15岁至24岁青年的失业率为25%，远远高出总体平均值（10%），而25岁至49岁人群的失业率略低于总体平均值，50岁以上人群的失业率更低。就兼职人员的比例而言，15岁至24岁青年的数字仍然最高（25%），不过50岁以上人口中兼职者占22%，与年轻人不相上下，另外，25岁至49岁劳动力人口的兼职率为16.5%。相反，类失业者（参见第89页）在25岁至49岁人群中的比例最高。

……以及能力较低者

从社会职业类型来看，工人最容易失业，其失业率为16%，而管理者、公司职员的失业率仅为4%和10%。然而，有能力的工人与普通工人之间也存在明显的差异，两者的失业率分别为11%和20%。在按初始学历划分的失业统计中，我们能看到同样的区别——▶

学历越高，失业的可能性越低。受过高等教人员者的失业率约为6%，而高中学历、无学历群体的失业率分别为10.2%和18.1%。

男女失业率越来越接近，只是一种错觉？

一直以来，女性失业率始终高于男性。然而，21世纪初，两者的差距不断缩小，自21世纪初期起，两者仅相差2.5%。到了2009年，女性失业率与男性持平。长期失业率也呈现出相同的结果（根据法国统计局的定义，长期失业者指的是寻找工作超过一年的人）。2012年至2015年，法国失业人口增多，然而女性受到的影响远远小于男性。在此期间，女性失业率首次低于男性失业率（短期失业率和长期失业率均是）。该现象是由于2008年至2009年全球经历金融危机，且欧元区主权债务危机于2012年爆发，致使相关行业受到严重打击，导致就业大衰退（工业和建筑业主要雇佣男性）。2016年，法国失业率逐步降低。从那年起，男性与女性的失业率差距再度缩减为零，原因是法国就业市场回暖，男性从中得益更多，尽管就该阶段而言，它可能更多改善了未处于长期失业状态的男性的情况——从长期失业来看，女性劳动力人口受到的波及仍然少于男性（2016年女性长期失业率为4%，男性长期失业率为4.6%）。

然而，我们应当辩证地看待女性的就业情况相较于男性得到提升的情况。在与男性的对比中，应当考虑到女性职业者的数量本来就少于男性——2016年，拥有全职工作的女性比例为61%，而男性为68%。更令人担忧的是，女性更容易面临就业不稳定。从

根据性别划分的失业率

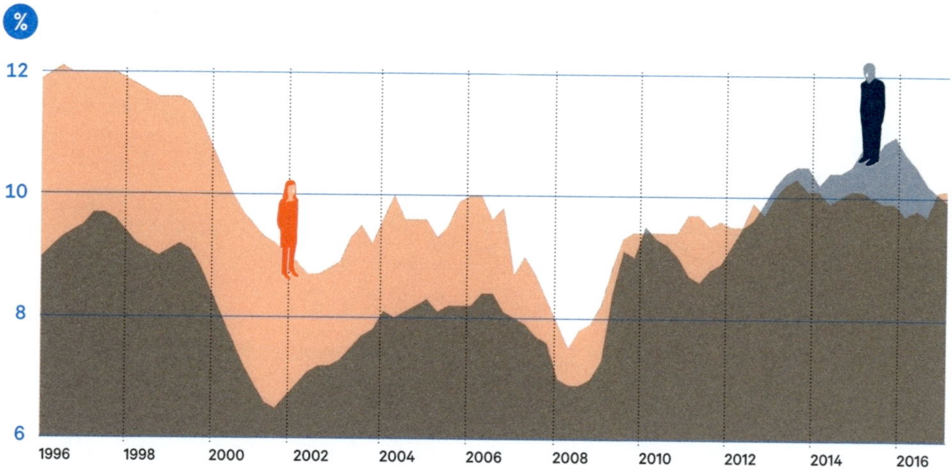

（来源：法国统计局）

欧洲各国失业率对比

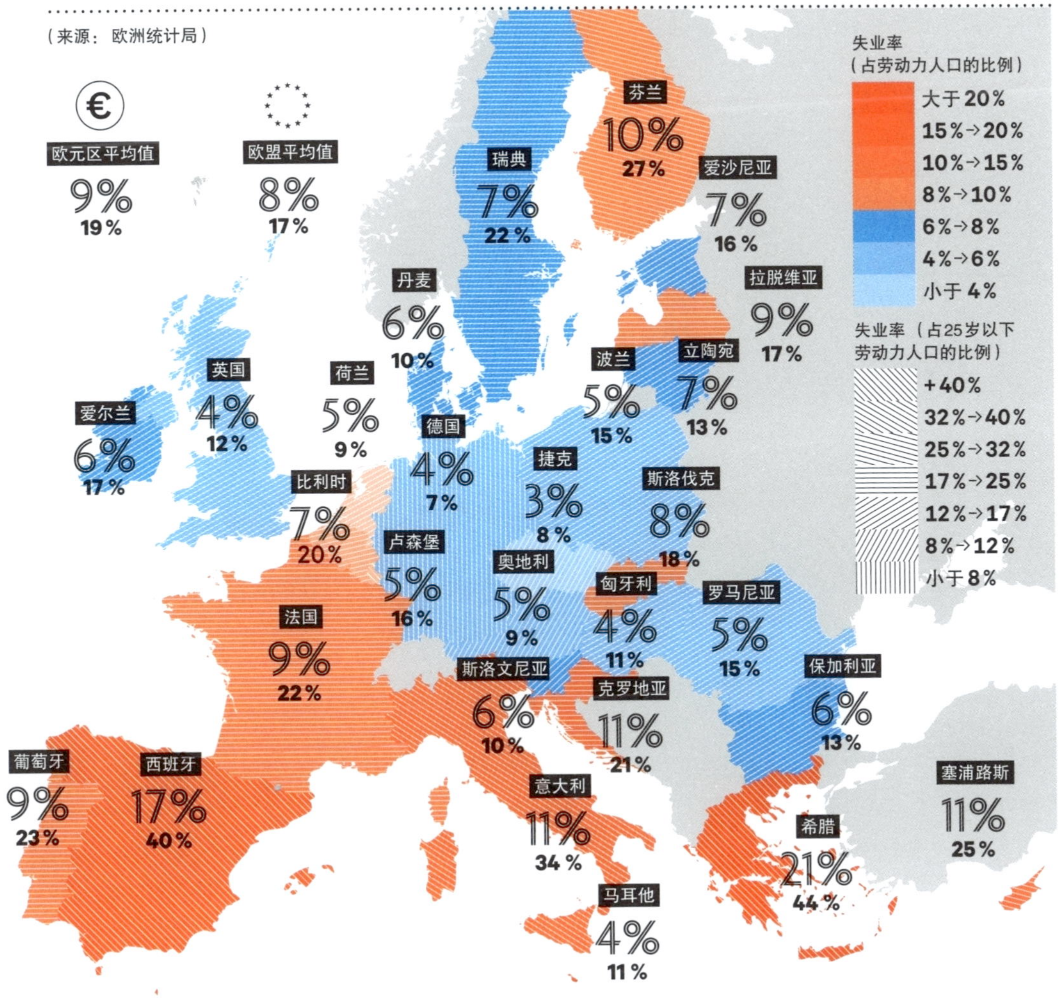

事兼职的女性比例（18%）远远高于男性（5%）。在类失业人口、非充分就业人口中，女性都占多数（分别为55%、70%）。

通过以上数据，我们不难发现，为了降低失业率（或非充分就业率），并避免社会危机的产生，加强人才培训（包括初始学历和继续教育）变得非常重要，并且应当采取相应的措施，帮助青年及妇女进入劳动市场（学习、职场融入与再融入、更好地衔接职业及家庭生活等）。

劳动市场

如何减少大规模失业？

减少失业人口需要从结构性和周期性的根源问题抓起。经济形势（例如经济周期、对商品和服务的需求衰退）会造成失业，此时必须实施经济刺激政策。而面对经济结构引起的失业，需要改变职业教育、工作成本，甚至改善环境恶劣的劳动市场。

结构性失业

摩擦性失业

当人们在两份工作之间转换时，不可避免地需要衔接时间，我们称之为摩擦性失业。如果求职者（或企业）想花更长的时间找到适合的职位（或员工），那么这种失业将更加普遍。该期限很难被缩短。一个减少摩擦性失业的办法是：运行一套发达的信息系统，帮助劳务的需求方和提供方建立联系。

自愿性失业

自愿性失业指的是一名失业者在入职下一份工作之前，故意处于无业状态。而这段时间内，他们可能切换职业跑道，或者参加培训，以此提高自身素养、适应企业的需求。这样的失业期实际上是有益的，从长远来看，它能减少结构性失业，并提高经济体的潜在经济增长。

然而，自愿性失业也可能是由缺少激励导致，例如，失业者缺乏寻找工作的动力。如果失业者觉得领取的失业救助金与从劳动中获得的报酬相差甚微，那么他可能更愿意失业。该现象被称为“失业救济金陷阱”，这种“自愿性”失业是受到质疑的。为了鼓励失业者重返劳动岗位，法国从2016年起实行就业补助，帮助低收入者提高购买力。

长期失业

工作岗位的供应与需求不匹配，将造成长期失业，具体表现如下。

- 企业难以找到符合其要求的员工，这说明需要加强人才培训（初始教育及继续教育）来提高他们的就业能力。
- 企业难以准确判断求职者的能力。
- 有能力者和工作岗位都存在，但是不在同一个地点，这说明需要加强住房、交通等基础设施建设，便于工作者向求职洼地流动。
- 如果劳动市场的环境恶劣（劳动力成本、劳动时长、劳动合同条款），那么就业将变得困难，进入职场的人会越来越少。应对这部分失业的方法是降低劳动力成本，并提高劳动市场的灵活度，然而这必将导致劳动者收入降低、工作岗位不稳定。该类型的司法裁判很难处理，“弹性安全”的讨论俨然超出了单纯的经济学范畴，它涉及社会朝哪个方向做出选择。

周期性失业

周期性失业与经济增长不足有关。要创造更多就业机会，只是经济增长还不够，只有经济增长高于生产力增长才行。假设经济增长率为1%，即一家企业第一年生产了100件商品，第二年生产了101件商品。如果这 ▶

经济增长与就业

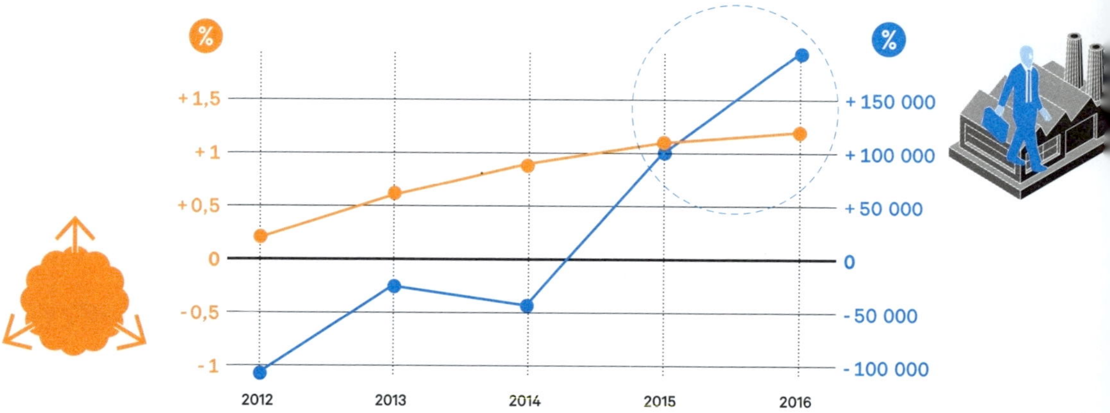

（来源：法国统计局、法国劳动部）

2015年起，法国GDP的增长迈过1%的门槛，同期就业增长为正值，这说明只有当经济增长超过1%时，工作机会才会增加。

1%的增长来自生产流程的改进，那么企业不需要招聘新员工。如果市场需求的增长超过了1%，企业第二年生产的商品必须多于101件，那么企业将不得不增加员工的工作时长，或雇佣新员工。在法国，预计每年生产力提高0.5%至1%，因此当GDP增长大于该水平时，才能创造新岗位。为了减少周期性失业，需要实行适当的货币及预算政策，以提振经济活动。

不同类型失业人口预估

虽然法国官方没有统计不同类型的失业者数量，但对此仍有预估。经济学家根据劳动市场的压力来推测结构性失业率。如果社会上可用的劳动力减少，那么企业将面临更大的薪资压力。菲利普斯曲线（la courbe de Phillips）和贝弗里奇曲线（la courbe de Beveridge）可以帮助经济学家分析失业情况，并进行数据预估。经济合作与发展组织曾预估2016年法国失业率为10%。

零失业率可能实现吗？

考虑到摩擦性失业、结构性失业的存在，失业率不可能达到零。

失业率会过低吗？

失业率过低说明市场供给有限，即经济发展过热。如果实际失业率低于结构性失业率，说明劳动力稀缺，企业将展开人才争夺

两个工具：贝弗里奇曲线、菲利普斯曲线

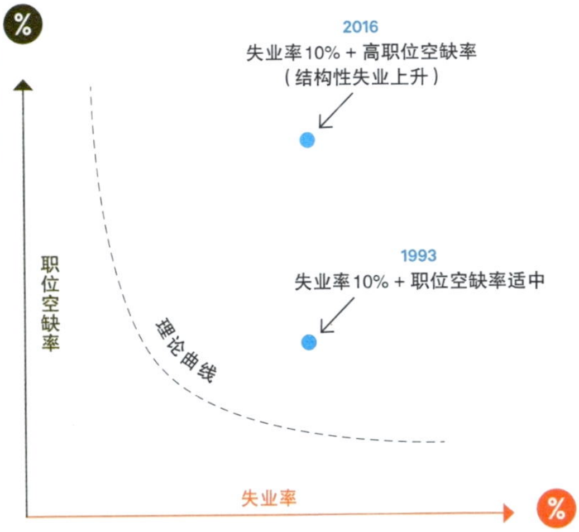

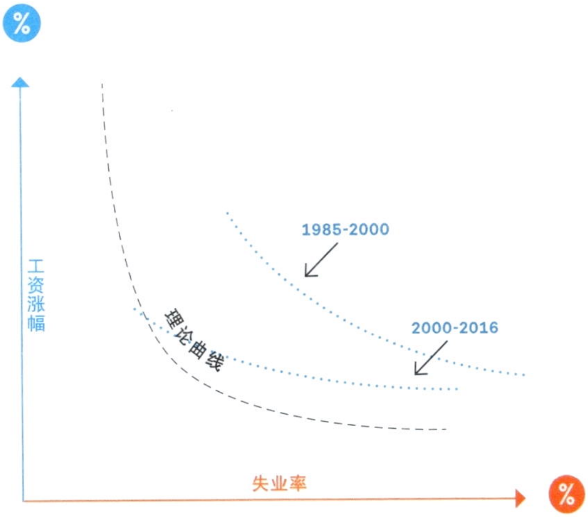

- 贝弗里奇曲线（上方左图）揭示了失业率与招工难度的关系。2016年，法国失业率为10%，34%的企业表示招聘员工有难度。对比1993年，法国失业率处于同一水平（10%），12%的企业认为招聘存在难度。结论：从1993年到2016年，结构性失业率上升。
- 菲利普斯曲线（上方右图）揭示了失业率与经济增长的关系，由此可以评估出结构性失业与周期性失业的分界。

相较于1985年至2000年，2000年至2016年的菲利普斯曲线变得平缓（在相同失业率下，工资涨幅减少）。若失业率低于8%或9%，工资水平将随着失业率的降低而增长，这说明结构性失业的比例在该区间内。若超过该范围：假设失业率为11%，那么其中8%至9%为结构性失业，其余2%至3%为周期性失业。

战，工资水平很快会上涨。这将造成生产成本提高、通货膨胀压力加大，从而伤害经济增长。最终市场需求将下降（价格水平上升），企业将失去竞争力。

周期性失业会演变成结构性失业吗？

在发达国家，多轮经济危机引起经济活动衰退，其冲击度大、持续时间长，甚至造成了结构性的后果。而且令人忧心的是，长期处于失业状态的人们可能丧失了职业技能和就业能力（我们称之为“滞后效应”）。工厂倒闭后，那些来自受经济危机重挫的行业的失业者或将永久失去工作，必须另谋出路。

零经济增长下产生更多就业机会，是好事吗？

如果一个经济体在经济没有增长的情况下增加了就业量，虽然可以在短期内维持劳动力的需求，但同时也意味着生产力下降了（投入更多生产要素，生产量却原地踏步）。

财富与贫富差距

5

不平等重现：经济增长的阻力？

尽管过去30年里经济增长相当强劲，然而在许多富有的经济体中，贫富差距仍在不断扩大，更不时刷新历史记录。

基尼系数

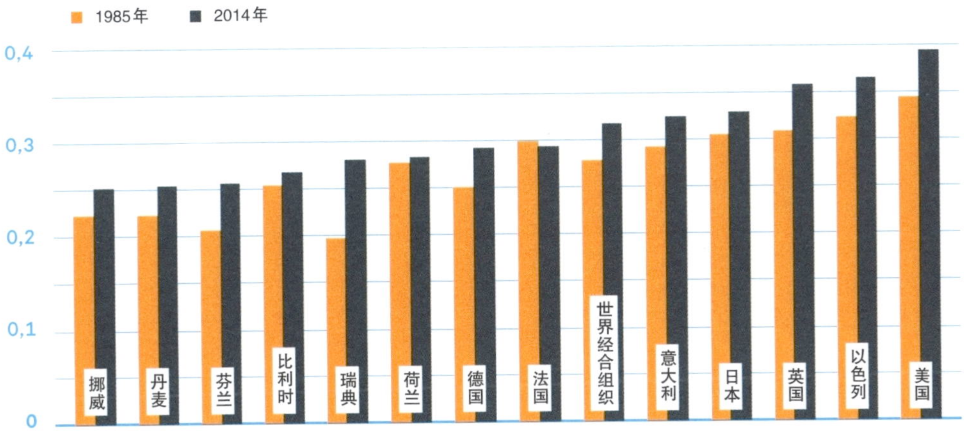

（来源：世界经合组织）

该指数由意大利统计学家科拉多·基尼（Corrado Gini）提出，目的是衡量特定群体的财富分布情况，其数值范围为0（社会平等达到完美：人人拥有相同的收入）至1（极端不平等：一人获得所有的收入，而其他人一无所得）。

世界经合组织公布的数据显示，2014年全球发达国家的平均基尼系数上升至0.32（这是我们可获取的最新统计），而20世纪80年代中期，该数值还只有0.28。基尼系数的上升已成为普遍现象（法国是少数基尼系数未上升的国家之一！），然而，各国之间的差异很大：大多数欧洲国家处于低位（0.25至0.3），而美国、英国等国家处于高位（0.35至0.4）。这种不平等的扩大将对社会凝聚力造成负面作用，此外，考虑到该现象对经济增长的长期效应，政府部门对此忧心忡忡，并对现有发展模式表示质疑。

不均衡的经济增长

2008年至2009年的金融危机过后（自2010年起），世界经合组织的35个成员国的经济增长和就业开始好转，然而，经济增长恢复的成果并没有平均分配给全社会，以下为两个例证。

» 整体贫富差距持续扩大。2010年至2014年，世界经合组织成员国的基尼系数从0.31上升至0.32。上升幅度最大的国家为美国、瑞典、德国、英国；

2007年至2014年，世界经合组织成员国家庭收入变化差异

2007年至2014年，世界经合组织成员国家庭收入变化差异（财富再分配后）

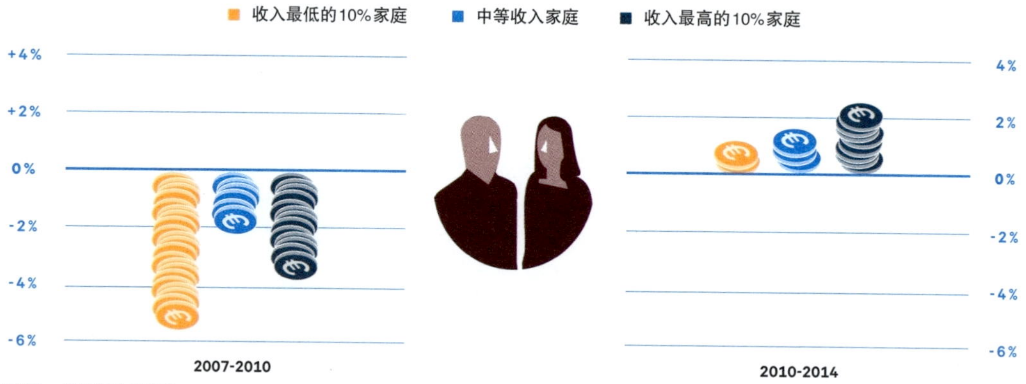

（来源：世界经合组织）

» 家庭之间的贫富差距扩大，且该情况在财富重新分配后仍不见改善。世界经合组织国家中，收入最高的10%的家庭2014年的收入比2007年（即全球金融危机前一年）增加了近1%，然而最低的10%的家庭的收入下跌了约14%，也就是收入增长相差15%。财富重新分配后（社会补助、税收），

尽管收入差距明显缩小，但是收入高的家庭仍然获利更多（收入增长相差2%）。处于收入水平两端的两个人群之间原本就存在巨大的差异，现在他们的差距又扩大了。

不平等扩大导致低收入者减少对教育的投资。

为什么贫富差距对经济增长有害？

进入21世纪以来，经济学家开始强调贫富差距对长期经济增长的危害。根据世界经合组织最新的研究，1985年至2005年，收入差距扩大导致其成员国总共丢失了5%的经济增长。

加大人力资源投入（以提高职业资质为目的的培训）是将贫富差距转化为经济增长的关键。

不平等扩大导致低收入者减少对教育的投资。如果说不同社会经济阶层的教育程度不同，那么该现象在贫富差距大的国家更为严重，因为经济条件不佳的人更难获得高品质的教育。其后果是潜在人力资源被浪费，生产力、长期经济发展受到牵连。因此，21世纪初，贫富差距被认为是引起发达经济体发展下滑的原因之一。

如何减少贫富差距？

世界经合组织认为，政府部门可以通过多种杠杆减少贫富差距。如果政府希望政策推行后取得效果，有两个必要条件：有效的社会对话、公众对社会机构充满信心。

世界经合组织提出四项主要措施。

- 促进就业：帮助个人融入职场、获得有上升空间的职业机会；
- 促进女性参与社会经济生活：落实反职场歧视政策，帮助女性获得就业和升迁机会，并与男性获取同等水平的薪酬；
- 公民能力及培训：加强对学校教育的投资，减少学业表现不合格或退学的情况。同时，关注在校儿童所在家庭的需求，目的是缩小各个社会经济阶层在教育方面的差异。此外，为了帮助个人适应日新月异的经济环境，政府有必要与企业展开紧密合作，为就业者不断提供培训，并在其整个职业生涯中不断培养新能力。
- 税收及社会补助系统的目的是打造有效的财富再分配机制。其涉及广泛，从与经济周期互补的补助政策（即当失业处于高位时，补助力度更大），到更具累进性的税制，还包括针对收入高的家庭和跨国企业合理的财政分摊制度。

工资越高，经济增长越快？

工资增长固然能增加幸福感，但是如果要创造更多的财富和就业机会，需要满足以下两个条件：一方面，剩余的购买力不能储存起来，而应该被消耗掉（尤其要消费非进口商品和服务）；另一方面，必须通过提高企业生产力或缩减企业开支来抵消生产成本上涨的效应。

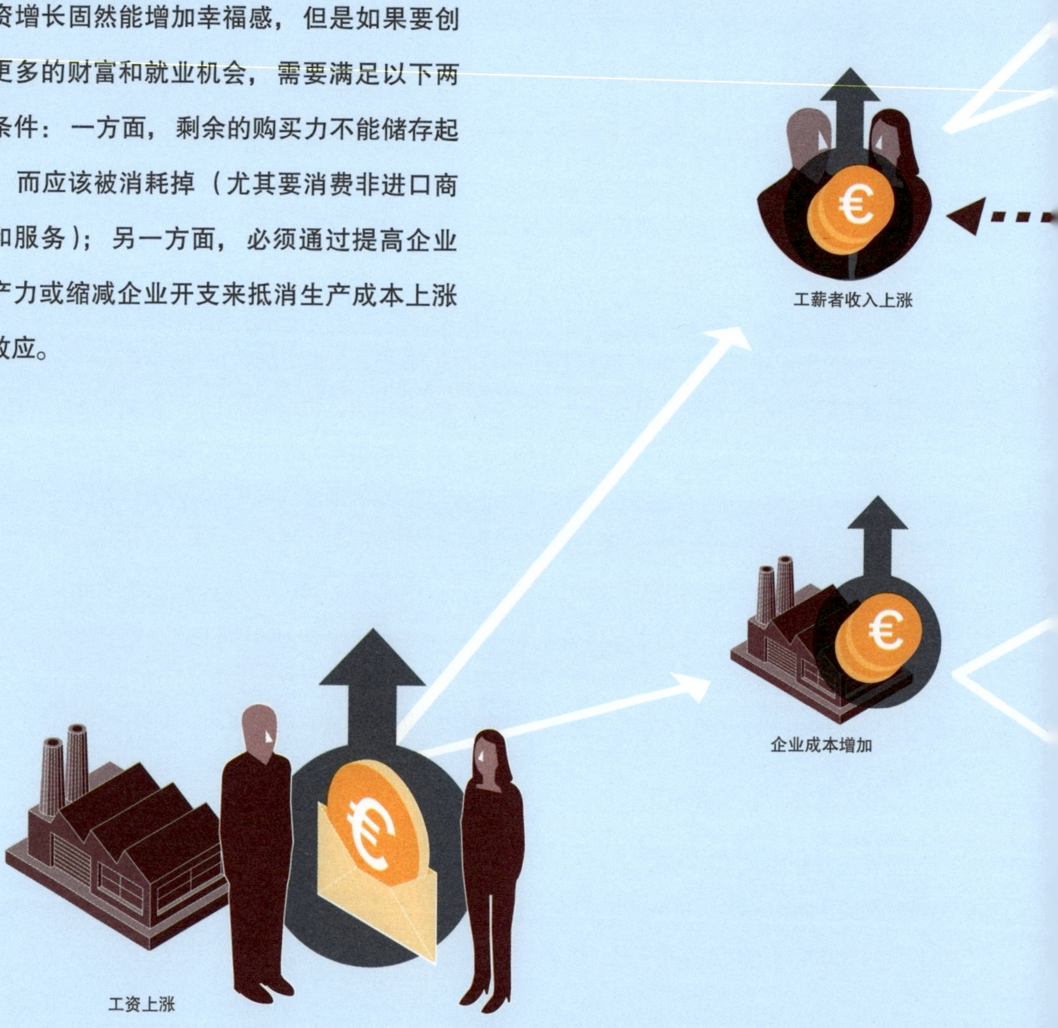

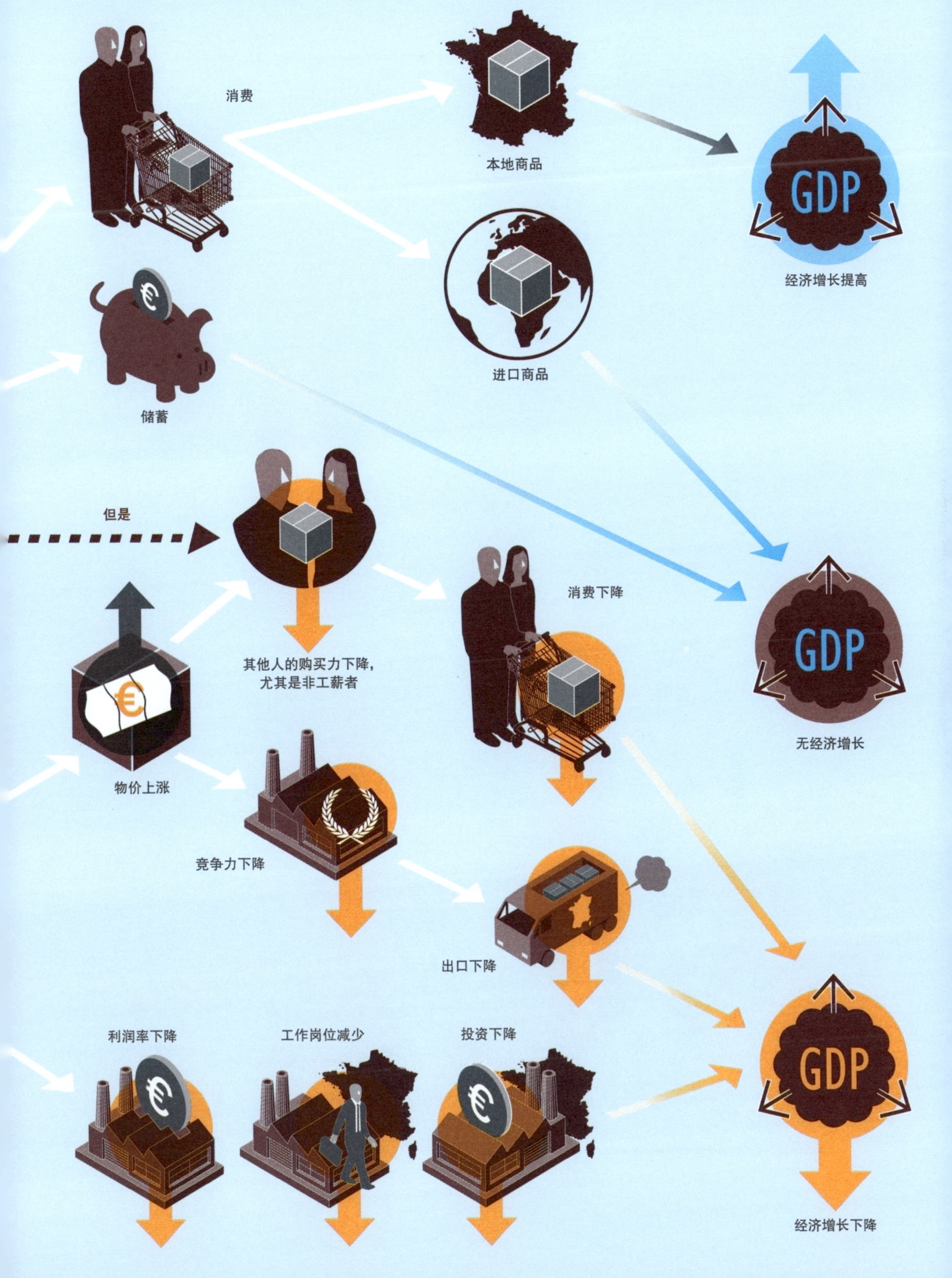

消费
本地商品
经济增长提高
GDP
进口商品
储蓄
但是
消费下降
GDP
其他人的购买力下降，
尤其是非工薪者
无经济增长
物价上涨
竞争力下降
出口下降
利润率下降
工作岗位减少
投资下降
GDP
经济增长下降

法国的薪资处于什么水平？

薪资向来是社会讨论的焦点，它不仅是一个经济议题，更是一个社会议题，其中一个重要原因是薪资引发了收入不平等。为了理清法国的状况，并更正一些固有的观念，让我们深入分析法国的薪资情况。

每月净收入比较：平均数与中位数

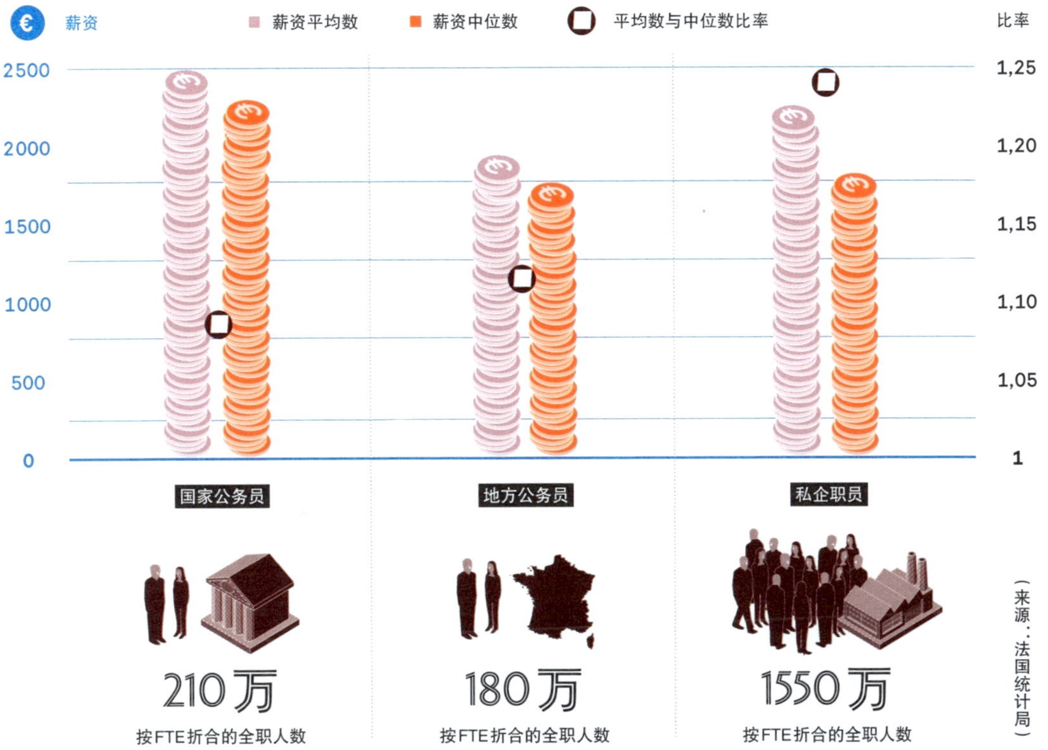

哪里的薪资最高？

总体而言，法国政府公务员的薪资水平高于地方政府公务员及私营企业职员，该现象主要由人员结构导致。根据法国统计局的数据，并按照全职人力工时计算，2015年法国私企职员平均每月总收入为2998欧元，净收入为2250欧元。国家公务员的薪资略高，每月总收入和净收入分别为3035欧元和2495欧元。地方公务员则相反，他们的收入不及私企，分别为2282欧元和1891欧元。国家政府部门员工薪资较高的主要原因是A类公务员（最高级别，相当于管理者）的比例最高（占总人数的⅔）。相反，地方政府部门中，C类公务员（最低级别）为大多数（占总人数的¾）。然而，人员结构的理论并不能解释私企的薪资水 ▶

每月净收入比较：最高与最低收入者

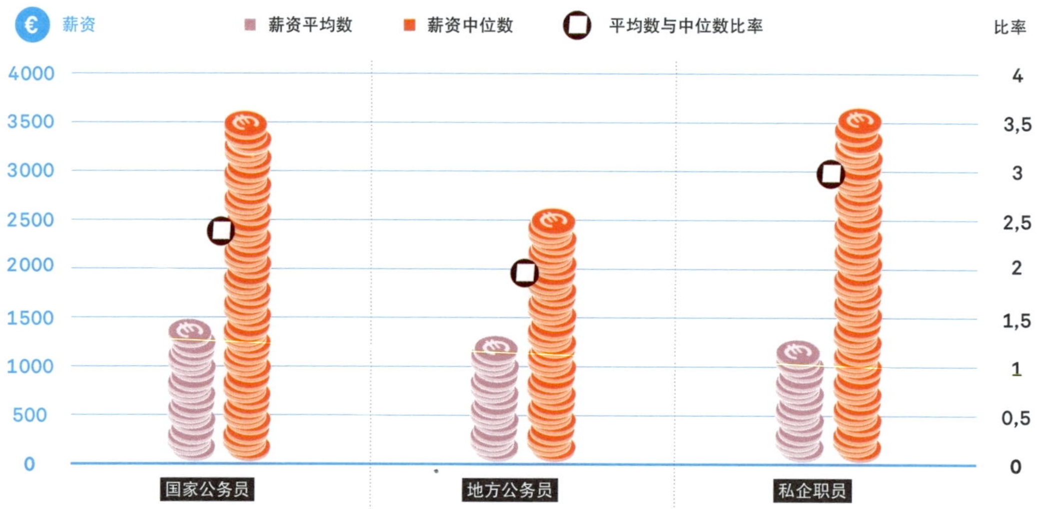

（来源：法国统计局）

平：在私营经济体中，管理者占总人数的比例不足20%，⅔的人员为普通雇员。

私营经济的薪资差距大于公共部门

法国公务员群体（国家及地方政府部门）的收入差距明显小于私企员工，一个具有说服力的数据是：公务员薪资的中位数与平均数之间的差距（约200欧元）小于私企雇员（约450欧元）。除了整体上的不均衡，私营经济体中收入最高者与最低者的差距也相当悬殊。换言之，私企中收入排名前10%与后10%的劳动者之间落差很大：前10%群体的平均工资（按照全职人力工时计算，每月净收入为3646欧元）与国家公务员（3600欧元）不相上下，而后10%群体收入明显较低（1213欧元，国家公务员为1498欧元）。同样地，地方公务员中10%的低收入者的平均月薪略高于私企（1322欧元），而10%的高收入者（2643欧元）则相差甚远。因此，地方公务员中收入最高者与最低者的差距最小（相差2倍，国家公务员为2.4倍，私企职员

私营经济中男女收入差距

男性与女性薪资差距

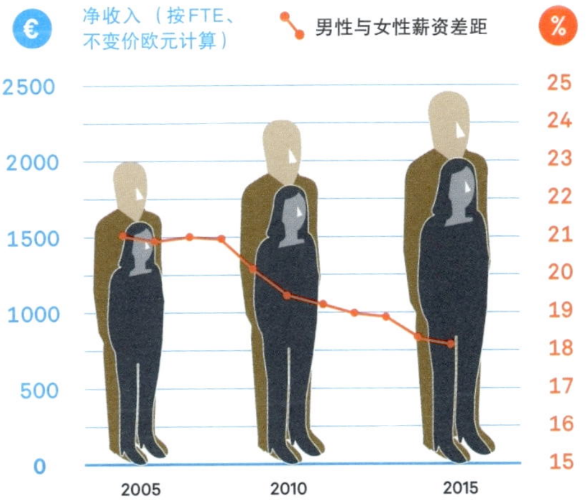

（来源：法国统计局）

什么是按照全职人力工时计算的薪资？

不考虑员工的实际工作时长，需要把他的薪资按全年、全职折算，目的是进行合理的对比。假设一名兼职者每天工作一半的时间，为期6个月，共领取6000欧元，那么他的全职人力工时工资为6000×2×2＝24000欧元/年。

总收入和净收入有什么区别？

净收入指的是扣除所有社会分摊费后的收入，包括社会公共税（contribution sociale généralisée，CSG）、社会保险债务偿还税（contribution au remboursement de la dette sociale，CRDS）。净收入中未扣除个人所得税，也未计入企业储蓄计划的利润分红和业绩分红。

为3倍），即薪酬不平等程度最低。进入21世纪以来，私营经济体中收入排名前10%与后10%人群的差距没有改变，而政府部门中这一差距有所缩小。

男女收入差距缩小，但仍然明显

2015年起，男性与女性劳动者之间的收入差距呈下降趋势，这一变化虽好，但是进程相当缓慢，因此女性薪资情况仍然不乐观。2014年，私营企业女性劳动者的平均收入比男性少18.4%。而政府部门的情况也并没有好很多，这和我们普遍的观念恰恰相反。尽管男女收入差距逐步缩小，然而女性的平均收入仍然比男性少14.4%。不过，这样的对比不一定合理。人员结构对以上数据有一定影响，例如，在管理者和A类公务员中，女性的比例少于男性。如果选取私营经济中具有相同背景的人群（职业领域、年龄、职业类型、工作时长）进行比较，男女之间的差距有所缩小，但仍存在明显的差异。2015年，女性劳动者的薪酬比男性少9.3%。

法国家庭财产由哪些部分组成？

2016年，法国家庭净财产（即去除负债）为11.145万亿欧元（总收入为12.6万亿欧元），相当于可支配年收入（缴纳税款、领取补助金后）的8倍，占全法国净财产的近80%，余下财产为企业及政府部门拥有。

房地产占财产的比例

（来源：法国统计局、法国银行）

房地产在政府部门财产中所占的比例（2016年为55%）与家庭（2016年为58%）不相上下。对于非金融企业，房地产也占总财产的一部分（占比为25%）。

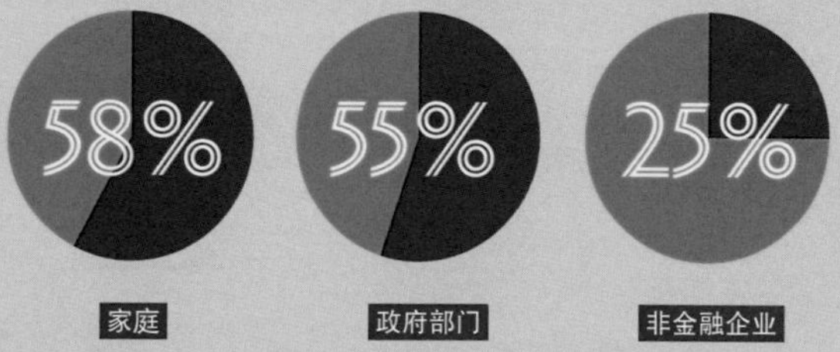

什么是人寿保险？

在法国，人寿保险是一种人身保险（如果被保险人在保险期内死亡，那么保险人将给付保险金）。如果保险期满，被保险人仍然在世，那么他将获得之前缴付的保险费和约定的利息。人们通常为了一个长期目标而购买人寿保险，以钱生钱，例如退休规划、房产投资等。此外，人寿保险还具有税务方面的优势，尤其涉及到财产继承。

总财产和净财产有什么区别？

总财产包含所有资产（金融、非金融资产），扣除负债后便是净财产。换言之，一个经济主体的净财产相当于它的总财产减去债务。

法国家庭的总财产构成

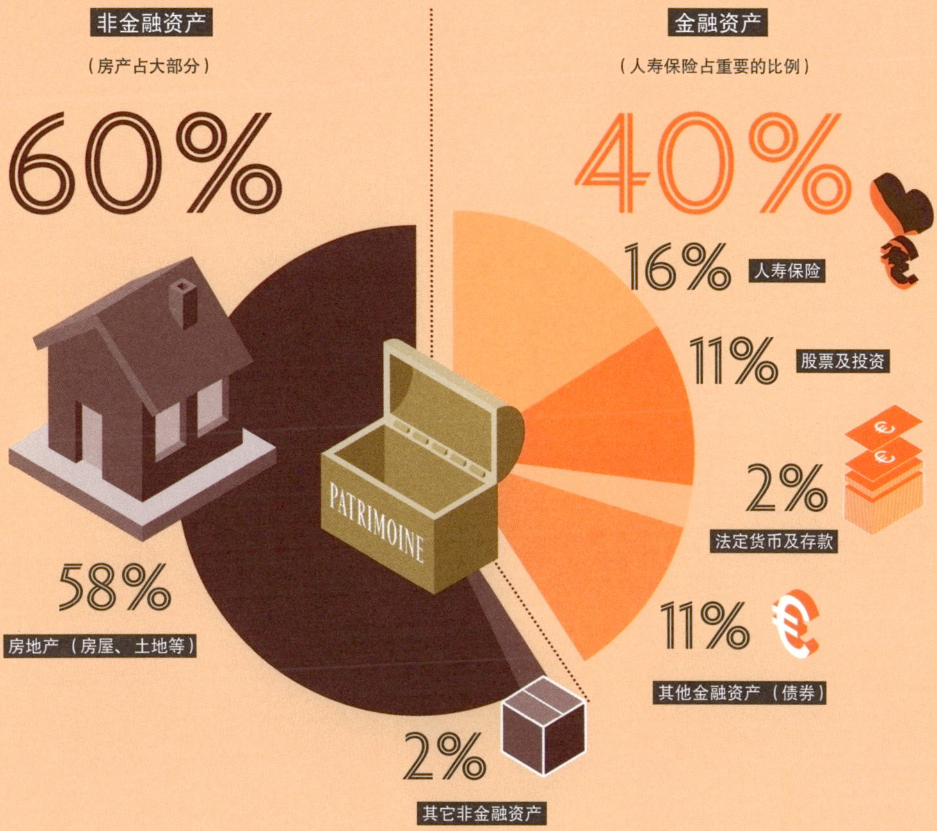

法国家庭净资产变化

2016年底，法国家庭净财产是可支配年收入的8.3倍。

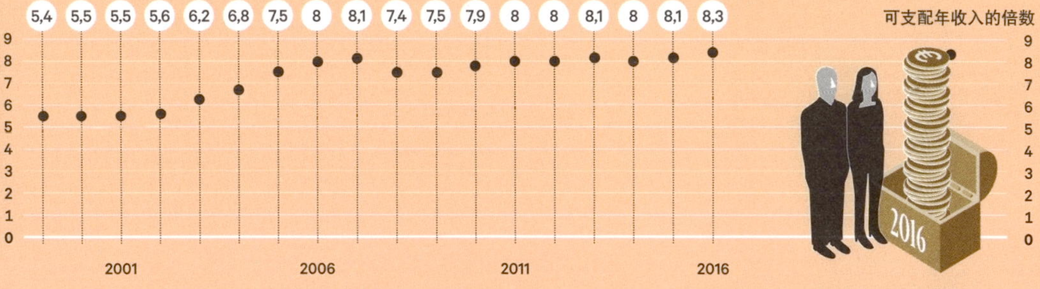

+ 8倍

（来源：法国统计局、法国银行）

财富面前，人人平等吗？

虽然法国家庭净财产的平均值基本不变（每个家庭约23.6万欧元），但差距极为明显，比家庭收入的差距大得多。从基尼系数上就能反映出：法国家庭财富的基尼系数达到0.65，而收入的基尼系数为0.28。

财产极度不平等……

2015年初，法国最富裕的5%的家庭其财富总和占全国家庭财产的33%，而最富裕的1%的家庭拥有全国家庭财产的15%。然而，财产总数排在后50%的家庭仅占法国家庭财产的8%，最贫穷的10%的家庭其财产总和连全国的0.1%都不到。

房产上的差距尤其明显

每10个法国家庭中，近6个拥有其主要住所的产权。然而，财产总数排在后50%的家庭中，仅¼属于这种情况，而最富裕的10%的家庭几乎都拥有自己的住房。拥有房产的家庭的平均总资产是租房家庭的7.5倍。

然而，拥有房产的家庭中仍有⅓需要偿还购房贷款，对他们更确切的描述应为“将拥有住房产权”。扣除负债后，拥有房产的家庭与租房家庭的平均净财产差距缩小，尤其是30岁以下的家庭，两者的差距从7倍减少至4倍。尽管两类家庭的财产差距缩小，但是对于租房家庭而言，仍然意味着巨大的落差，因为拥有房产代表着该家庭在收入和职业方面会获得更多保障，也说明他们能承担首付款，对于年轻人而言，这些条件通常是很难达到的。

什么是家庭职业财产？

它指的是与经营活动相关的资产（土地、机器、楼房、牲畜、库存等），对于有些家庭，它占到其财产中相当大的部分——它占农民、耕种者家庭总财产的⅔，工匠、商人、企业领导者家庭的¼，自由职业者家庭的⅐。

什么是财产中位数？

财产（房产+金融资产）中位数将全部家庭分为更富裕的50%和较不富裕的50%。

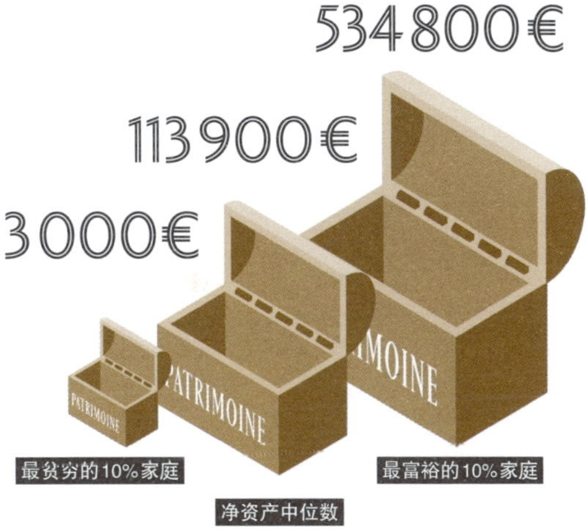

净资产平均数（23.59万欧元）

（来源：法国统计局）

净财产的平均数与中位数（根据不同职业大类，单位：欧元）

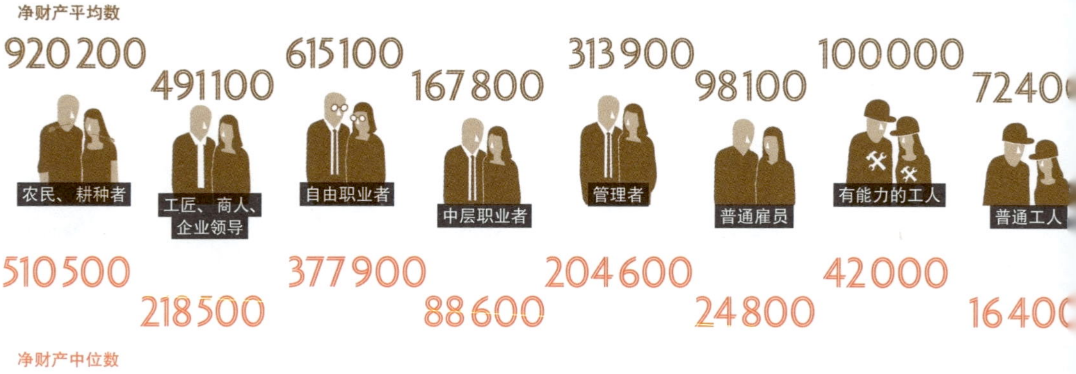

四类职业的职业财产

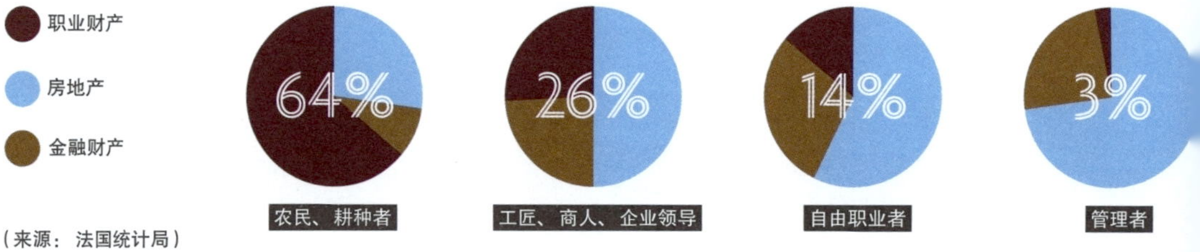

（来源：法国统计局）

年龄及财产转移因素

家庭财产随着年龄的增长而增长，当然，这也与财产的转移密不可分。对于户主不到70岁的家庭，其总财产和净财产都随户主的年龄增长而增长；对于户主超过70岁的家庭，家庭财产与年龄呈现相反趋势。根据法国统计局于2015年初发布的数据，户主不足30岁的家庭的平均净财产为3.74万欧元，而户主介于60至69岁的家庭的平均净财产为34万欧元，如果户主年龄更大，则家庭财产开始减少，为28.6万欧元。因此，家庭财产与年龄的总体关系是：随着年龄的增长，家庭财富不断增长，然而一部分家庭到达一定年龄后，财富逐渐消耗。

家庭财富积累与职业活动相关，更与家庭因素（财产继承、赠与）相关。从财产转移中受惠的家庭的总财产明显高出许多——法国家庭中有50%从中获益，它们的财产为25万欧元，是另外50%法国家庭的4倍。

社会职业因素

除了年龄和收入因素，家庭类型的不同（即工薪阶层家庭或自由职业者家庭，后者包括劳动力人口及退休者）显然也影响到财富的积累与储蓄（作为投资或风险预防等）。

2015年初，户主为非工薪者的家庭的平均总财产为57.5万欧元，远远高于工薪家庭（21.1万欧元），造成这一差距的原因是自由职业者对于商业活动的投资一向非常稳定。此外，自由职业者的职业活动特殊，相较于工薪者，他们更容易面临收入波动、退休待遇少的问题，因此，自由职业者，尤其是处于劳动年龄的自由职业者，更有储蓄的意愿。对于工薪家庭，不同的社会职业类型会造成家庭财产的明显差距，它对家庭收入的差距也会产生同样的影响。例如，管理者家庭的平均总收入是普通工人家庭的4倍。

贫富差距的变化

2010年以来，法国家庭财产差距整体缩小，然而处于贫富两端的家庭之间的差距仍然在扩大。基尼系数显示，从2010年初至2015年，贫富两端家庭之间财产的差距略微缩小，分别为0.66和0.65。然而，同一时期，法国财产最多和最少的10%家庭的差距拉大了近⅓。另一个值得关注的数据是法国财产最少的10%的家庭之间的贫富差距大幅扩大，其基尼系数从2010年初的0.52上升至2015年的0.68。

总财产与净财产（2015年初中位数）

（来源：法国统计局）

关键数字

800€

这是财产最少10%的单亲家庭的平均净财产，而最富有的10%的其他家庭和10%的单身人士的净财产分别是它的350倍和460倍。

（来源：法国统计局）

法国的贫富差距比其他地区更严重吗?

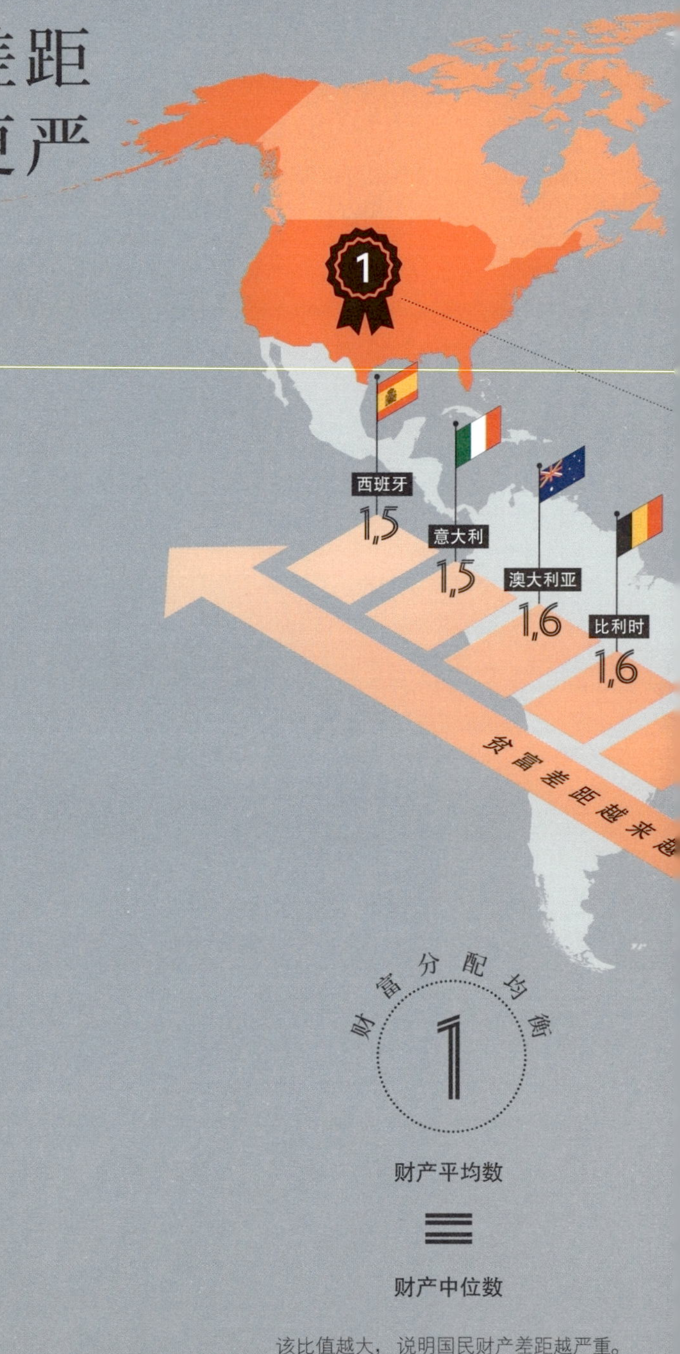

根据世界经合组织的数据显示，尽管法国家庭财产差距明显，但是法国远远不是最糟糕的，它位于发达国家的中间水平。在发达经济体中，德国、奥地利、荷兰，尤其是美国的贫富差距更大。

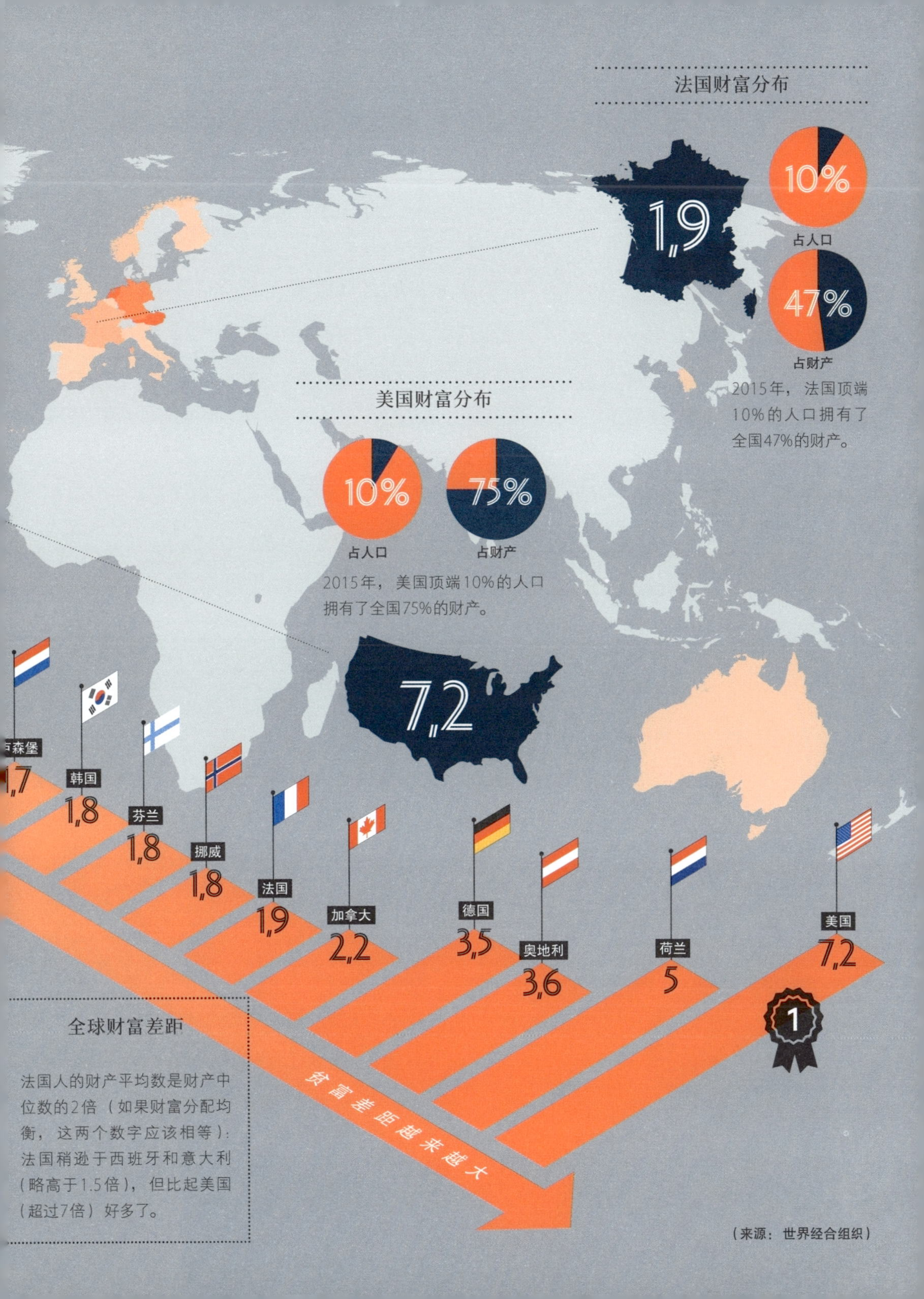

法国财富分布
1,9
10%
占人口
47%
占财产
2015年，法国顶端10%的人口拥有了全国47%的财产。
美国财富分布
10%
75%
占人口
占财产
2015年，美国顶端10%的人口拥有了全国75%的财产。
7,2
森堡
1,7
韩国
1,8
芬兰
1,8
挪威
1,8
法国
1,9
加拿大
2,2
德国
3,5
奥地利
3,6
荷兰
5
美国
7,2
1
贫富差距越来越大
全球财富差距
法国人的财产平均数是财产中位数的2倍（如果财富分配均衡，这两个数字应该相等）：法国稍逊于西班牙和意大利（略高于1.5倍），但比起美国（超过7倍）好多了。
（来源：世界经合组织）

为什么1999年以来，法国人的财富增长了那么多？

1999年至2016年，法国家庭净财产平均每年增长5%，该增幅比收入增长多出许多，到了2016年，法国家庭财产达到年收入的8倍，而该倍数在20世纪90年代末仅为5.4。其在2000年至2006年翻了近一倍，其中很大的原因是法国家庭财产的重要组成部分——房产的价值飞速上涨。

这6年里，法国旧房的价格翻了不止一倍，并且该阶段过后，法国的房价并没有回跌，这与其他欧洲国家不同。爱尔兰、西班牙的房价也在该时期猛涨，而后回跌。那么，该如何解释法国房产市场的特殊现象呢？

毫无疑问，我们应当从需求量方面来寻找21世纪初法国房价暴涨的主要原因。

住房需求爆发

与所有不受或极少受到监管的市场一样，住房的供应量和需求量的平衡关系是主导房价的重要因素。毫无疑问，我们应当从需求量方面来寻找21世纪初法国房价暴涨的主要原因。21世纪初，法国旧房交易量明显增长，达到每年80万套，说明市场对房屋的需求量迅速增长，而在20世纪90年代，该数字仅为60万套。

法国旧房价格指数
（以2000年第一季度为基数，设为1）

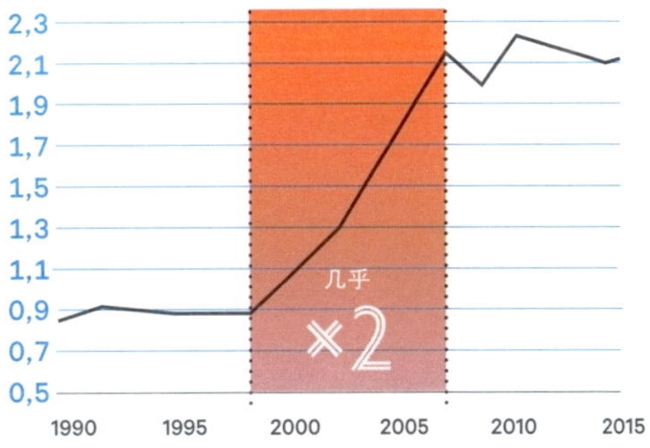

贷款能力增强

除了法国社会文化方面的原因（例如，投资房产对法国人具有吸引力、法国人有意向成为屋主等），还有许多其他因素可以解释该时期法国人对购房的狂热。

» 人口因素：分居潮无形中引起潜在购房者数量增长。我们注意到，早在20世纪90年代，该趋势已经相当明显；

» 家庭收入增长：2000年至2006年，即2007年至2008年金融危机爆发前夕，法国失业人口减少，劳动者收入增长。尽管如此，信贷机构借出的金额仍相 ▶

法国旧房市场交易量变化

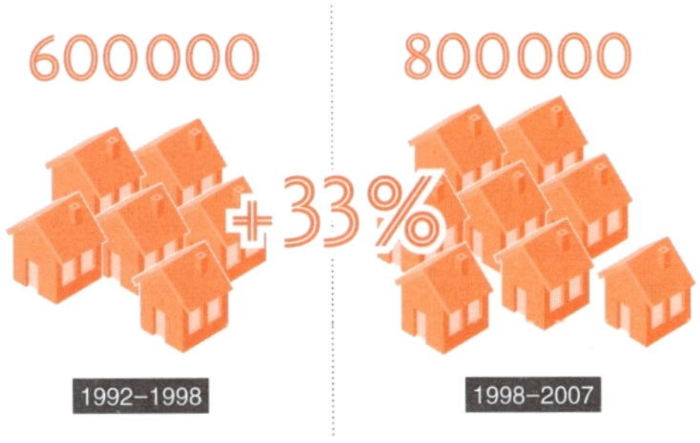

（来源：法国统计局、法国环境及可持续发展委员会）

法国住房的供应与需求失衡

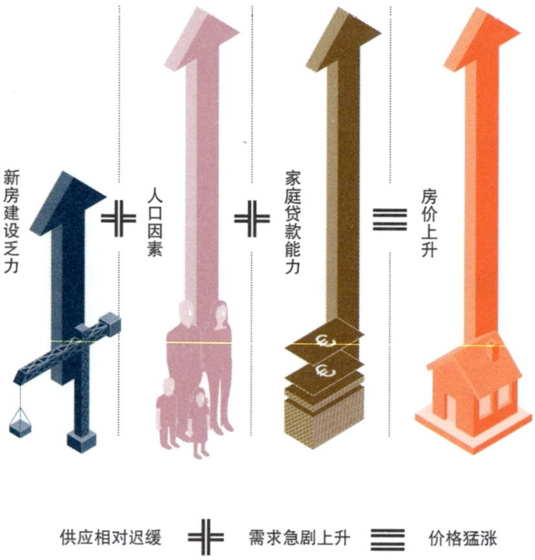

当于法国个人收入总和的⅓，在收入大幅增长的时期，个人债务的杠杆效应仍然受到限制；

» 最关键的因素是获得资金更加容易，因此，一部分原本无偿付能力的家庭可以购房了，而另一些家庭则有钱购买更贵的房产。政府还通过以下两种杠杆作用放宽对贷款的要求：房屋贷款的利率降低（从20世纪90年代的6%减少至4%），偿还期限大幅延长（从13年延长至近19年）。这样一来，法国家庭（计入人口因素）的贷款能力在此期间几乎提高了一倍。

供应量并未同步高速增长

尽管新房屋的建设热火朝天，但是仍然无法满足需求量的大幅增加。2000年至2006年，建筑业的投资量增长约20%，即每年增长2.5%，然而该数字还包括了对现有房屋的主体工程的修缮（占总投资量的⅓）。

法国城市化法规愈发严格，以及监管部门限制在土地上建造房屋，造成地价越来越高昂，因此，在很大程度上导致了住房供应量未能跟上市场的需求。它不仅限制了住房供应量，更抬升了建造新房的成本，因此房价水涨船高。

此外，房屋在地理位置上分布不均，因此，一些在全国具有重要经济地位的区域成了住房紧张的地方（例如巴黎及其周边）。

新房开发无法满足市场对房屋的需求，最终房产商纷纷转向旧房。市场对住房的需求急剧上升，而住房供应相对迟缓，两者之间的严重失衡造成了这一时期房价迅速上涨。

法国的特殊现象

21世纪初，经历金融危机后，法国房价依旧坚挺。同一时期，爱尔兰、西班牙等其他国家的房价也大幅上涨，但与法国不同的是，它们的房价后来出现了高位回落。法国的现象有两个主要原因。

» 法国的房屋建设从一开始就没有出现井喷，因此不存在过度开发。其投资

法国、西班牙、爱尔兰对比

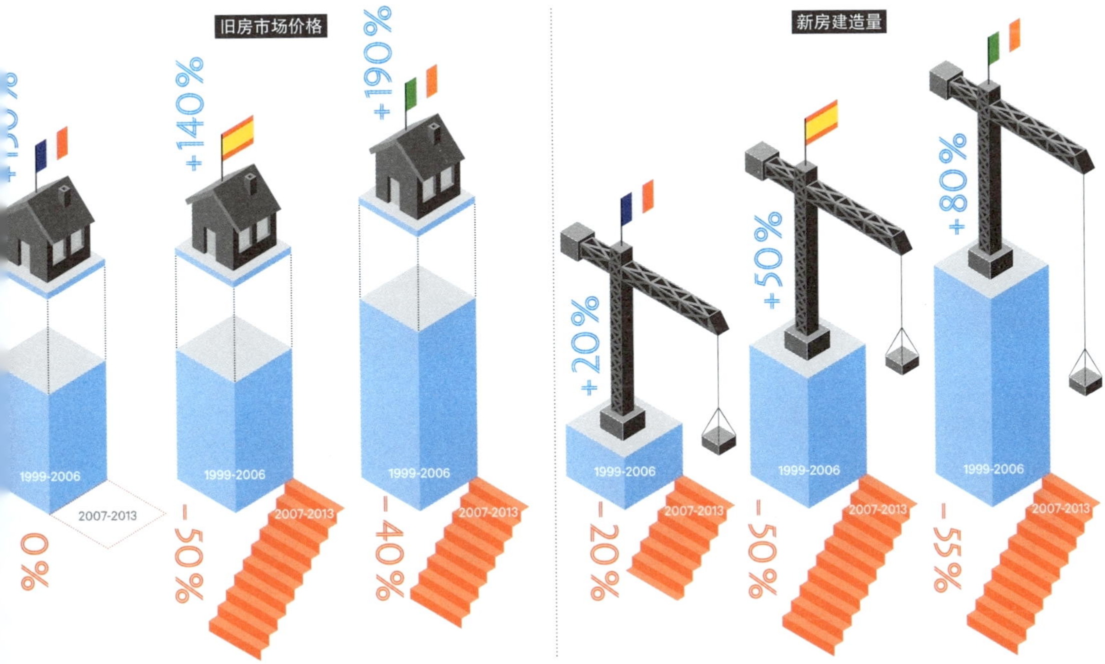

量的增速为2.5%，而西班牙和爱尔兰的增速为法国的4倍。而且，2008年金融危机以前，法国的住房没有“超量”供应，不需要向下调整房价。

» 2008年、2011年金融危机期间，法国家庭的贷款能力没有剧烈下滑，而爱尔兰和西班牙的家庭则遭受正面冲击。在爱尔兰和西班牙，两场金融风暴引起了严重的失业潮和降薪潮，使家庭收入的压力更大。相比之下，法国的新增失业人口则少了许多，并且金融危机只使工资上涨的速度放慢了而已。此外，在爱尔兰和西班牙，2011年欧元区主权债务危机引发了对公共财政的可持续性的强烈担忧，在这种环境下，两国的利率急剧增长。然而，法国的利率持续走低，投资者对法国的公共财政仍然抱有信心。

6

金融

金融市场起什么作用？

金融市场上，聚集了有融资需求的经济主体（企业、政府）和拥有闲钱并希望以钱生钱的经济主体（家庭、企业、主权基金等）。

金融资产的作用

人们将存款投入金融市场，这些钱为企业和政府提供资金。为了获得融资，经济主体求助于银行（银行信贷）或金融市场上的其他经济主体（股票、债券）。

图上字母：

A：股票
O：债券
BT：商业票据
TD：债务凭证
CB：银行信贷
D：股息

银行信贷

除了通过金融市场，经济主体还可以通过银行信贷来获得资金。

股票或债券

金融资产，即发行者与持有者之间的契约，它将需要融资的经济主体和储户联系到一起。金融资产通常分成两类：股票和债务凭证。

股票是一家企业的所有权凭证，它构成了一家企业的股东权益。

债务凭证（债券、商业票据），指的是借给企业或政府的贷款。

投资回报

投资项目的年化收益率可以为1%、2%、3%……尽管收益率相差甚微，但是经过日积月累，投资的收益会有很大的差别，千万不要小看了投资期限！

一笔1000欧元投资的演变（根据不同期限和平均收益率）

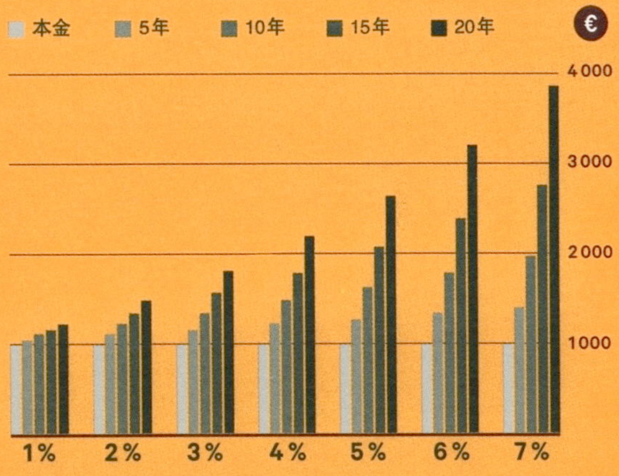

不同的收益率下，本金多久能翻倍？

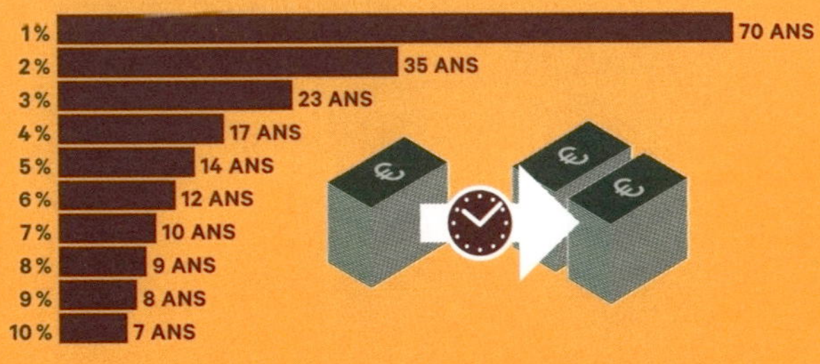

股息

企业将盈利中的一部分发放给股东，称为“股息”。

股东如何获得报酬？

为了帮助企业充实资本，股东把他们的资金投资企业，因此他们享有投票决策权，并以此表达对企业发展和管理的意见。通过分红，他们从投资中获得回报。因此，企业必须盈利，并将其中一部分分配给企业所有者（股东）。

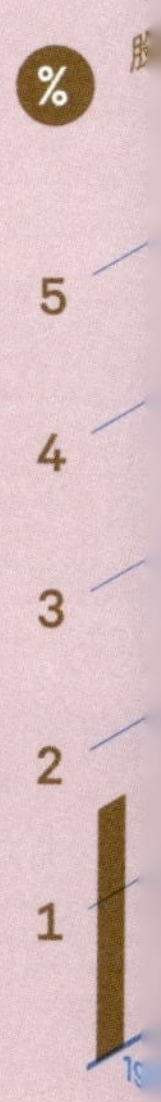

构成法国40大股指数（CAC 40）的企业的
股息率（股票的股息 ÷ 股价）不是一成不
变的。20年以来，其平均值为2.6%。21世
纪第一个十年的末期，股息率超过3%，因
为股价降幅比股息大。

图上字母D：股息

如何获得收益？

一家企业业务繁忙，并不代表它能赚钱。因为，只有当企业的生产和发展成本低于营业额时，才能获利。根据企业制定的分配规则，股东从投资中获得回报的期限有所不同。企业的盈利用于以下途径：

1. 企业储备金或进行投资；
2. 分发给员工，或上缴国家（税收）；
3. 分配给股东。

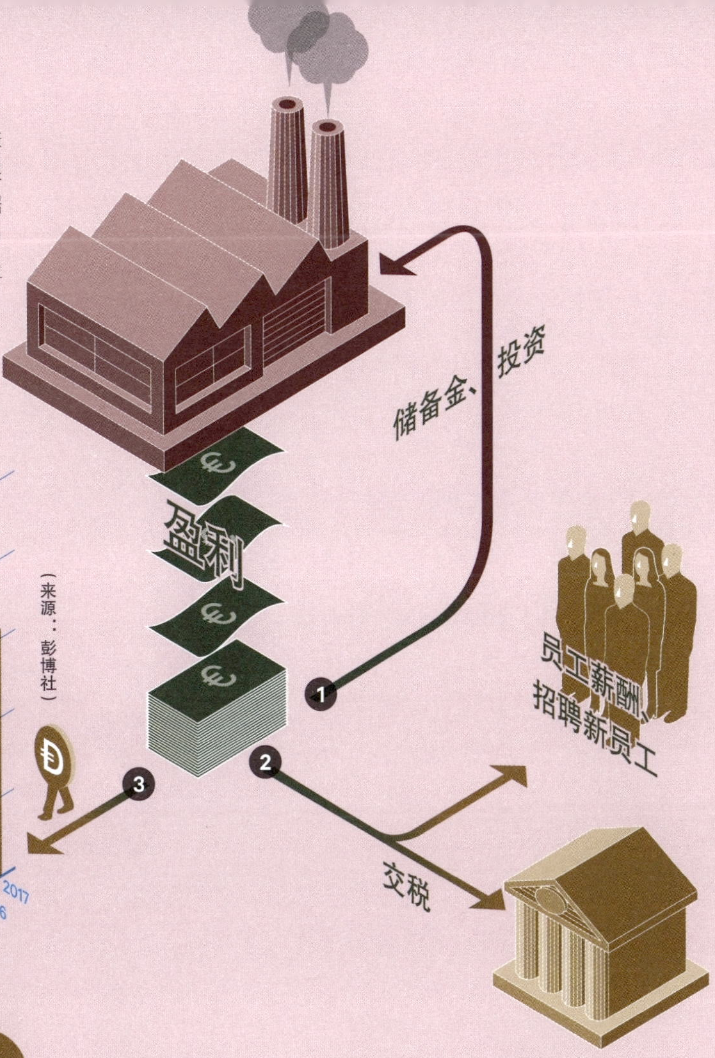

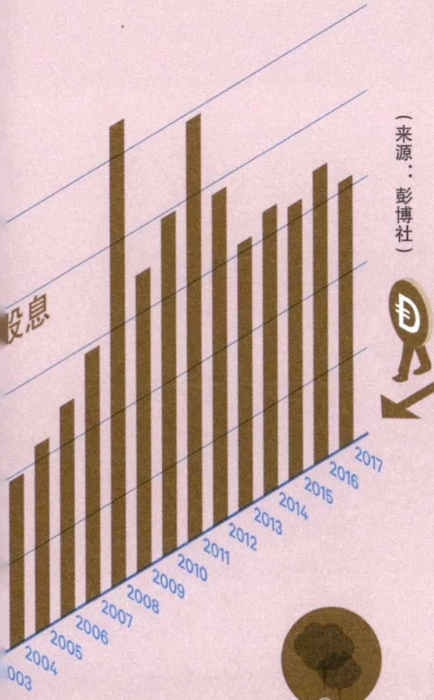

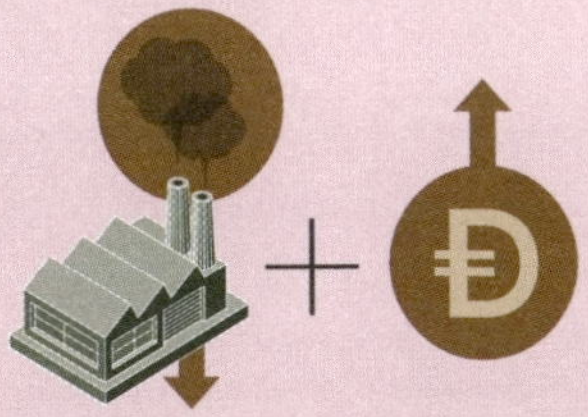

经营活动减少，股息增加：可能吗？

为了留住股东，企业可以减少经营活动，从而提高利润分配的比例（企业也要争夺投资者！）。如果企业未能通过降低生产成本来消除经营活动减少的影响，那么它必须降低员工的薪资（甚至裁员）、减少现金流、放弃投资项目，并以此维持股息。

零股息，但股价上涨：合理吗？

股价能反映出日后的股息情况。一家亏损的企业（例如投资过度）股息可能不会上涨，但是它的股价可能上涨，因为投资者希望未来能从这笔投资中得到巨大的收益，也就是未来能获得更高的股息。

如何知道股价将上涨或下跌？

我们根据以下四方面预测股票市场的趋势：

经济周期、对行业或企业有利的微观经济环境、投资者信心、中央银行的资金流动性。

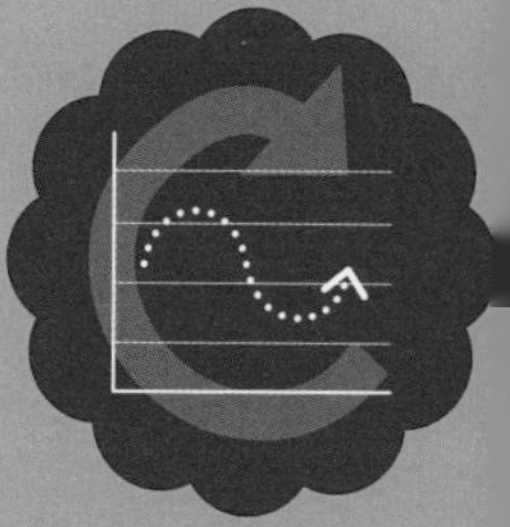

❶

经济周期

经济增长越多，企业创造并分配给股东的增加值越多。因此，经济环境与股市的走向呈正向变动关系。

主权债务危机

011年，欧元区主权债务危
l爆发，投资者丧失信心。
尽管对每股收益的期望值维
寺不变，但是法国CAC 40指
数大跌17%。同样地，2012
年中期，欧洲中央银行表示
已准备好不惜一切代价拯救
欧元，这提振了投资者信
心。每股的期望收益在2012
年、2013年分别下降了8%、
)%，然而投资者信心的效应
发酵——法国CAC 40指数分
别大涨15%和18%！

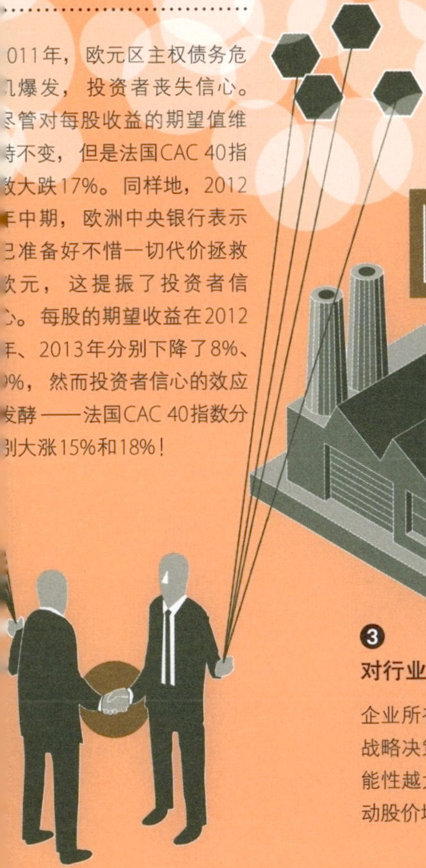

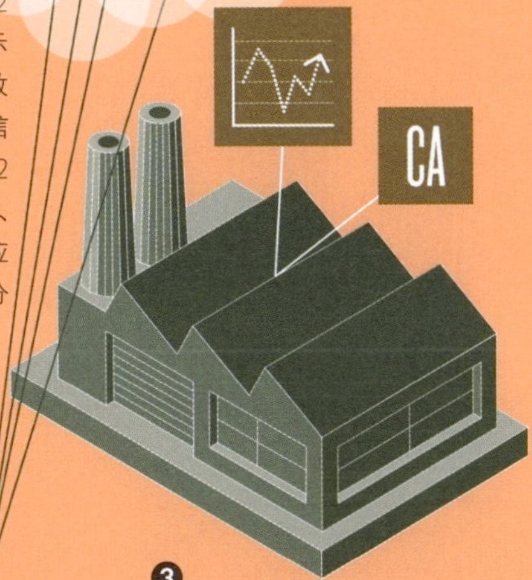

2

投资者信心

购买股票，相当于“购买未来”，因此购买者需要对未来有预期，并充满信心。在金融市场上，总能感受到投资者的情绪起落，时而乐观，时而悲观，背后的原因有时候令人难以捉摸。除了对企业盈利的预期，投资者信心也会导致股价的变动。

3

对行业或企业有利的微观经济环境

企业所在行业的经济效益越高，企业的战略决策越好，那么未来提高分红的可能性越大，而且期望值增长本身就能带动股价增长。

4

中央银行的资金流动性

投资者越是能以低成本（低利率）获得可用资金，那么他们就越会购买金融资产，股价涨幅就越大。2015年和2016年，中央银行增加了流动资金，法国CAC 40指数在这两年分别上涨了9%和5%，高于对企业盈利的预期（5%和3%）。

盈利与股票指数

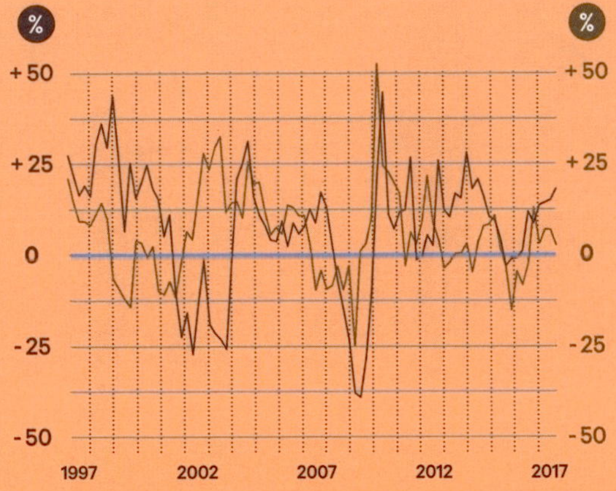

企业的盈利与股价之间的关联微乎其微！没有明确、稳定的数据证明企业效益与价值的变化趋势一致。例如，2013年经济增长甚微，但是投资者投入大量流动资金，抬高了股价！

红线：标准普尔500指数1年内的变化。

棕线：美国企业1年内的盈利变化。

（来源：彭博社、美国经济分析局）

在货币市场上能获得怎样的收益？

货币性资产投资是利用闲置资金生财的短期投资，它的投资期限较短，因此投资风险普遍较小，通常收益也较低。那么，货币性资产是什么？它包括活期储蓄（基本没有收益）、定期储蓄（收益取决于利率），以及限额储蓄（收益由政府决定，取决于利率和通货膨胀）。

欧洲中央银行贴现率与半年期货币利率

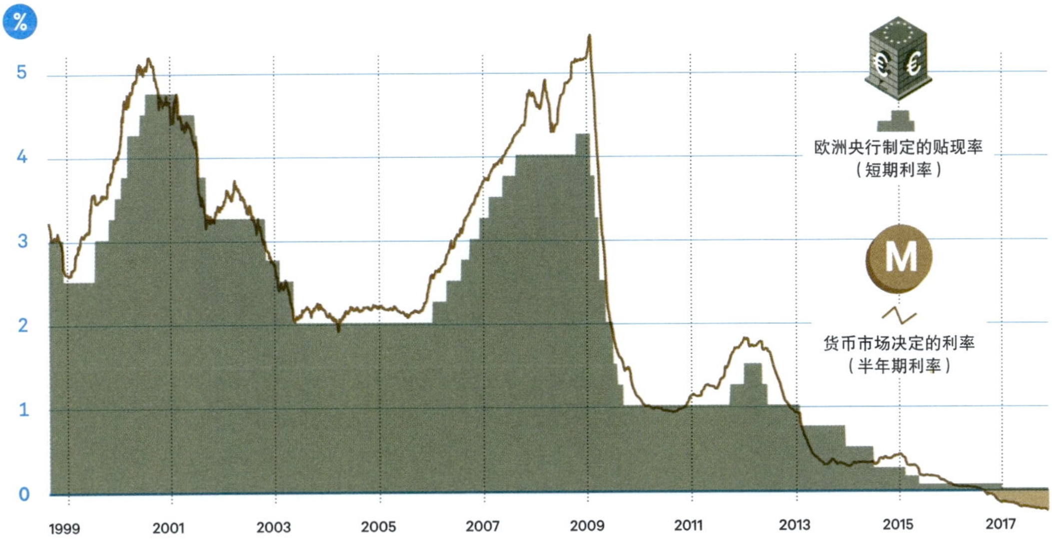

（来源：欧洲央行、彭博社、部分数据由作者统计）

谁决定了利率？

尽管利率的变化与欧洲中央银行制定的贴现率的走向相当接近，但是我们不能说利率是由欧洲中央银行决定的，它只是制定了银行获得资金的短期利率（期限为一周）。货币市场上的其它利率都由经济参与者的供与需决定。

货币市场以同业拆借利率作为基准利率，例如，欧洲银行间欧元同业拆借利率（Europe Interbank Offered Rate，Euribo）是欧元市场的基准利率。同业拆借利率指的是银行之间互相借款的平均利率，其期限从一周至一年不等，其利率则取决于经济参与者对货币政策的预期。以半年期利率为例：银行可以每周向欧洲央行借款，或者立即在同业拆借市场上借款。由此我们可以认为，半年期利率完全取决于对欧洲央行在接下来六个月里的平均周利率的预测。

3个月期利率

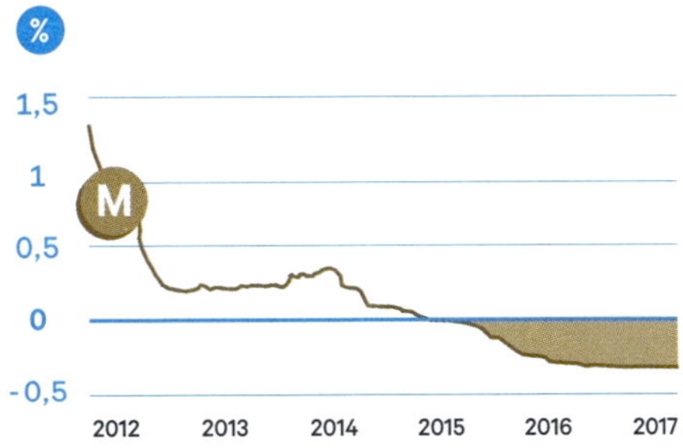

（来源：彭博社）
当资金流动性过剩时，利率可能为负数。

▶

半年期同业拆借利率的溢价（%）

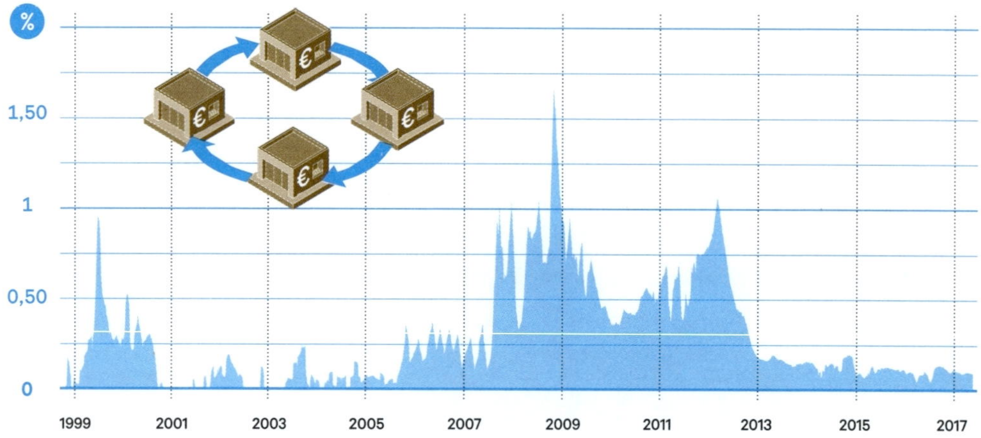

（来源：彭博社、部分数据由作者统计）

政府制定的利率与短期同业拆借利率之间的差距极小，金融危机时期（2008年、2012年）除外，因为在此期间，银行违约的风险增大。

为什么会出现负利率？

为了避免银行出现资金流动性危机，对经济增长和就业产生负面影响，欧洲央行近来向货币市场投入大量流动资金，以近乎零的利率向银行提供它们所希望数额的借款。该做法导致同业拆借市场上的货币，供大于需，导致货币价值下跌，例如，3个月期欧洲银行间欧元同业拆借利率低于欧洲央行的贴现率。

有收益就有风险

限额储蓄（例如A种储蓄）的金额上限由政府控制，而它的收益则根据货币利率和通货膨胀水平而定。有些企业或银行为了吸引投资者，推出回报更高的无限额储蓄，其收益率取决于该企业或银行的风险水平。当人们对货币市场缺乏信心时，银行违约的概率上升，随之产生了风险溢价，利率将一路飙高，远远高出欧洲央行制定的利率。在近年的金融危机中，风险溢价率于2008年达到1.8%，于2011年末达到1%，而正常情况下仅为0.07%。

储蓄的回报真的太低了吗？

0.75%，这是法国政府2017年制定的A种储蓄利率。这个数字真的太低了吗？为了回答该问题，我们通常需要比较以下几个方面。

实际利率（%）

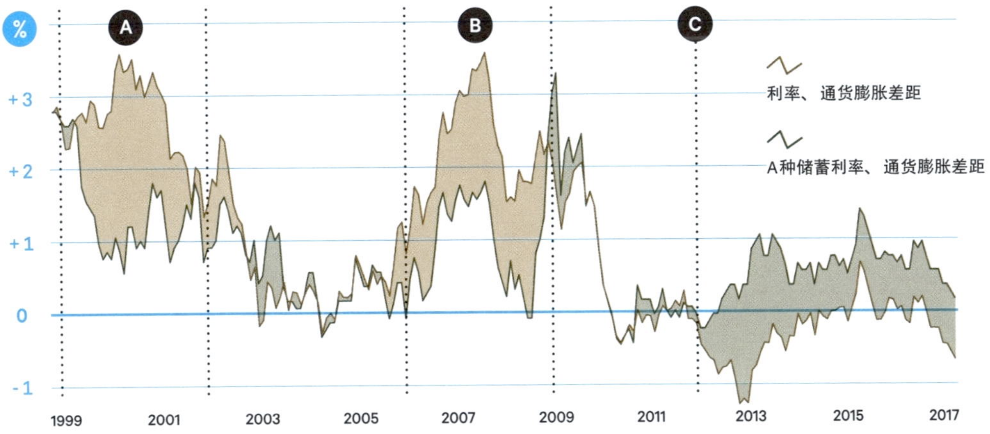

（来源：欧洲央行、彭博社、法国统计局、部分数据由作者统计）

与1999年至2002年（A）、2006年至2009年（B）不同，2012年以来（C），A种储蓄的实际收益率明显高于货币市场上的同类产品。

» 风险和约束：A种储蓄是一个能保证在任何时刻都能提款的账户，即不存在资金流动性的风险。在这种情况下，它还提供0.75%的收益率，且无需为利息交税，对于储户而言是很好的机会。如果要在金融市场上获得同样的回报（从金融市场获得的收益需要交税），以2017年为例，储户需要购买为期10年的法国国债，或为期20年的德国国债，并且在此期间，不可取出该笔资金！

» 通货膨胀：2008年，A种储蓄的利率为3.5%，通货膨胀率为3.6%。相较之下，2016年12月的条件更有利，当时A种储蓄的利率为0.75%，通货膨胀率为0.6%。第一种情况下，如果账户内的存款为100欧元，一年后将变为103.5欧元，然而篮子价格从100欧元上涨至103.6欧元（即购买力下降了0.1欧元）。第二种情况下，消费者的购买力得到保障（提高了0.15欧元）。因此，真正重要的是实际利率（即名义利率——通货膨胀率）。

当人们对货币市场缺乏信心时，银行违约的概率上升，随之产生了风险溢价，利率将一路飙高，远远高出欧洲央行制定的利率。

债券是如何运作的？

除了人寿保险，法国家庭金融储蓄的主要去向是债券。债券受到大众的偏好，因为它的风险极小——即使债券发行者破产，债券的价值也不会像股票那样化为乌有。债券的投资者可以明确知道息票和能够收回的本金，但前提是发行者可以履行债券合约。

债券的价格波动小于股票

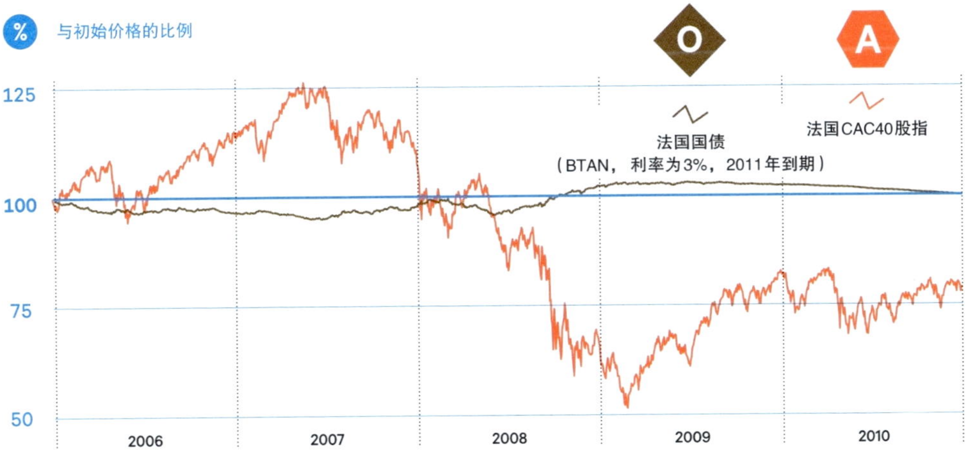

（来源：彭博社、欧洲证券交易所）

风险更小，收益更少

债券的收益（收益率）指的是债券合约载明的收益（即息票）和债券价格变化的总和。在金融市场上，债券价格随着供需的关系而不断改变，这就是债券投资存在的亏损风险。此外，如果债券发行者出现资金偿还问题，甚至发生破产这样的极端情况，持有者可能遭受损失，但是并不会血本无归。他们能先于股东，获得企业资产（机器、专利、办公场所）变卖后的补偿。股票的价格可能为零，但是这样的情况极少发生在债券上。例如，2012年，希腊政府发生债务违约，个人债权者获得了50%的偿还。

股票的价格可能为零，但是这样的情况极少发生在债券上。

不确定性更小

债券受到投资者青睐的另一个原因是，他们可以明确知道可定期得到的息票利息（对于股票，分红的金额是不确定的），以及债券到期后的价值（股票的价格波动非常大）。我们可以用人寿保险的逻辑来理解债券（欧元储蓄基金）：购买者只看重债券到期后得到的金钱，因此债券在购入与偿还时的差价并不重要。投资者提前就了解了债券的收益，这一点非常实用。然而，投资者仍需面临债务违约的风险。

希腊债务评级（2003年至2017年）

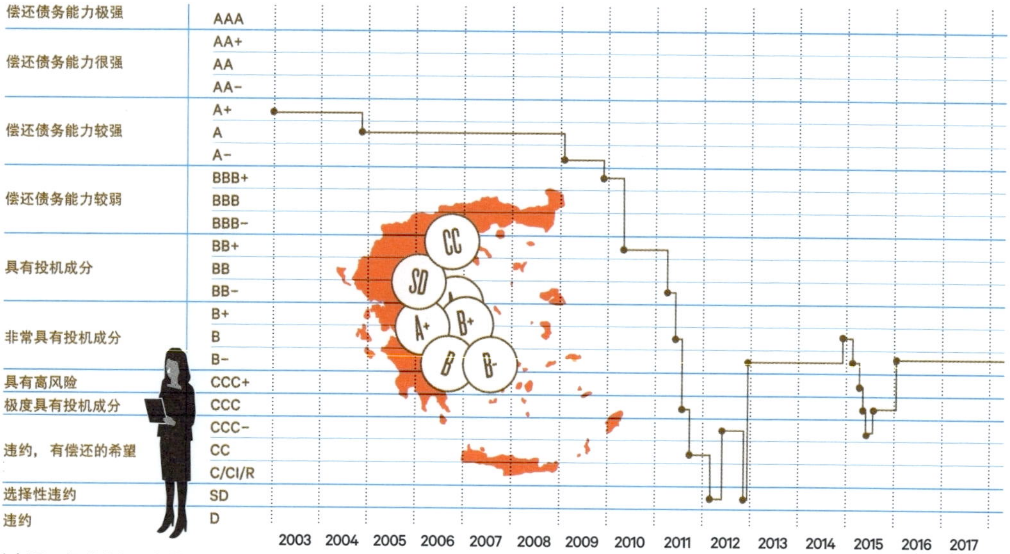

（来源：标准普尔、彭博社）

债务评级只能评估某个特定时期的违约风险：发生违约前三年，希腊的偿还债务能力被认为"较强"。

债券收益与违约风险成正比

我们可以从两方面评估债券发行者的违约风险：评级机构给出的评分，以及该债券与相同期限的安全债券的利率比较。虽然债券的回报越高，其更具吸引力，但是也可能存在违约的风险。不过，以上两者都只是主观的感受，因为评级机构和投资者都可能看走眼，例如，无法预测的经济、金融冲击，系统性风险评

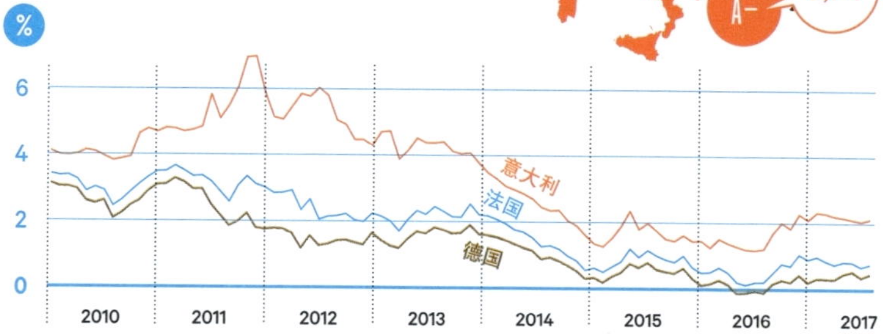

法国、德国、意大利
10年期国债利率对比

债券价格与收益

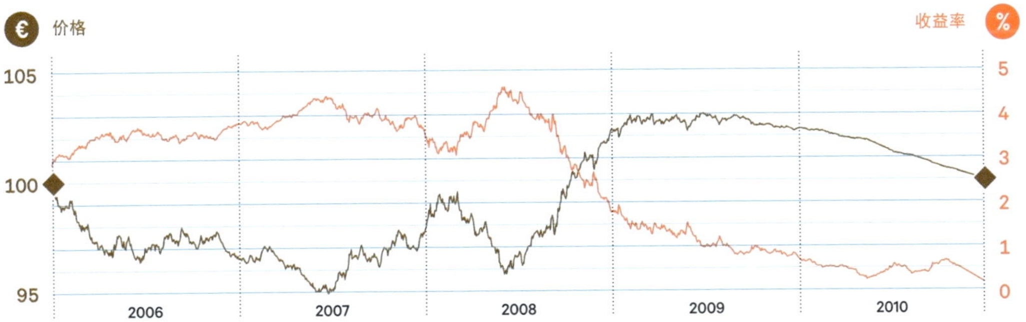

（来源：彭博社）

债券发行、到期时的价格均为100欧元，但是在它的生命周期内（即发行时载明的偿还期），其价格趋势与利息相反。

股票的价格可能为零，但是这样的情况极少发生在债券上。

估失灵引起的次贷危机，主权账户作假（如希腊）、企业财务欺诈及破产（如安隆公司）等，这就是为什么需要多元化的投资组合。

债务评级只能评估某个特定时期的违约风险，因为它会随着时间而改变。以希腊为例：2001年，即出现债务违约的前十年，希腊的信用评级曾为A+（好于2017年的意大利和西班牙）。

利率上升风险

如果投资者在偿还期内始终持有债券，那么他只需要面对债务违约风险。如果他想在偿还期内转让该债券，那么他还需要面对利率上升的风险。利率上升，将带动债券价值下跌。在同样的风险下，由于市场环境的改变，债务发行者自然会提供利息更高的债券，而投资者之前购入的债券的利息相对降低，吸引力变小。为了购买新的债券，投资者需要将前者出手，因此它的价值将减少。

法国国债

法国国债被投资者和评级机构认为是世界上较安全的债务（评级为AA），因此，法国的可整合型国库券（obligations assimilables du Trésor，OAT）的利率较低，且与德国政府发行的债券接近，后者的安全性评估更高（AAA）。2017年，法国10年期国债的平均利率为0.8%，德国为0.4%，意大利为2.1%（A-）。

为什么利率会变动？

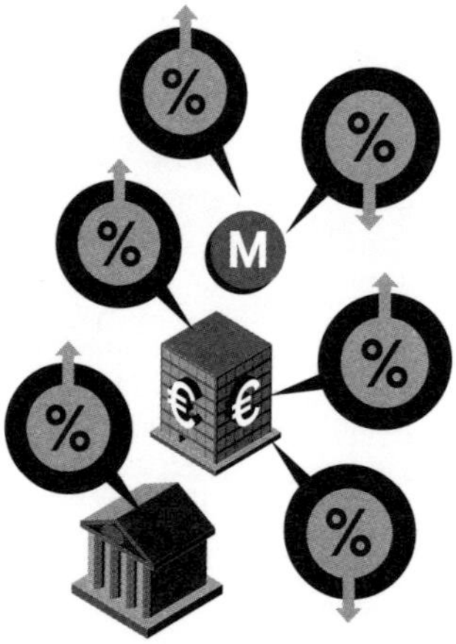

如何理解债券价格、企业和家庭的信贷成本的变化趋势？为了解答这一问题，我们一起来认识法国10年期国债——可整合型国库券（OAT）的利率，它影响着法国实行的所有利率，是一个具有参考性的指标。

长期利率和货币利率：相同的趋势

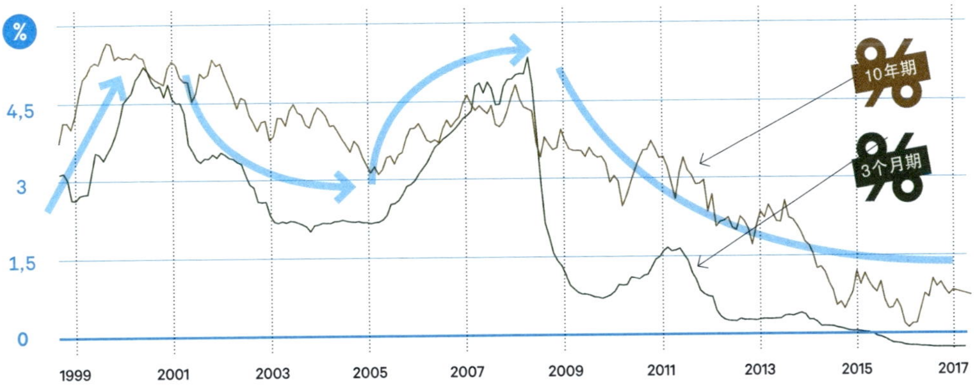

（来源：彭博社）

短期利率和长期利率受不同因素影响，因此它们只在大趋势上相同。

预期通货膨胀

在购入债券前，每位投资者都希望到期后的收益至少与同时期的通货膨胀持平，这样才能维持现有的购买力，因此，投资者对投资回报的期望中包括了对通货膨胀率的预期，我们称之为“通货膨胀溢价”。

让我们看一个案例：2016年中期，10年期OAT利率为0.2%，其中包含了通货膨胀的溢价效应（当时的预期通货膨胀率为1%）。此后，法国人对未来十年通货膨胀率的预期升高，于2017年末达到1.5%（增加了0.5%），10年期OAT利率从0.2%同步上升至0.7%。如果通货膨胀溢价仍为1%，那么10年期OAT利率将保持在0.2%附近。所以，我们不难理解欧洲中央银行控制的通货膨胀溢价的动机——降低经济体的融资成本。

欧洲的短期利率

短期利率取决于欧洲央行制定的贴现率。而长期利率的变化趋势与短期利率一致，因为对未来短期利率的预期是形成长期利率的基础。

例如，当经济回暖时，在欧洲央行提高贴现率之前，长期利率会率先增长，因为经济参与者已经可以预见货币政策的走势。因此，经济复苏来临前才是贷款的好时机。

法国公共财政

一个国家的公共财政状况越良好，它的债务违约风险就越低，需要负担的利率也越低。但需要注意的是，对长期利率而言，公共财政的管理水平比国家央行的贴现率更有影响，而后者关系到全国实行的所有利率。▶

法国、意大利

10年期国债利率

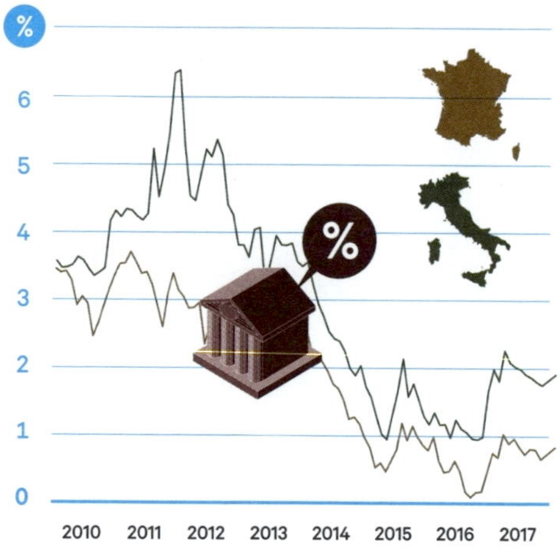

国家债务与GDP的比率

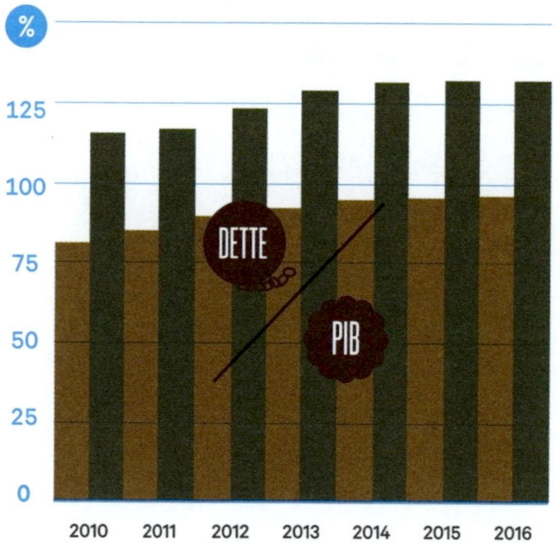

意大利的公共财政比法国糟糕，
因此前者的利率更高。

（来源：彭博社、欧洲统计局）

例如，意大利的国债利率高于法国，是因为意大利的公共财务状况不如法国。

国际市场的利率

金融市场相当开放，欧元区的长期利率与全球其他地区实行的利率存在着紧密的联系，尤其是美国。美国的利率也受到本国经济因素的影响，例如，预期通货膨胀、公共财政、短期利率。20世纪90年代以来，法国长期利率的主要决定因素是美国的利率，其弹性系数接近1，这意味着法国的长期利率总体上跟随美国的长期利率而变化，变化的幅度也一致。

对风险的厌恶

当市场充满不确定性（地缘政治风险、对未来缺少预期）时，投资者倾向于风险程度较低的资产，且更愿意在投资组合中保留评级良好的国家债券，也就是风险程度较低的资产。未来的不确定性导致购买债券的需求踊跃，因此它的价值水涨船高，导致长期利率降低。如果经济增长存在一定风险（企业的业绩衰退），那么公司债券的风险溢价上升，因此它的利率反而不会下跌（但是它的价格不会提升），企业的贷款利率也不会降低。

10年期国债利率：紧密的关联

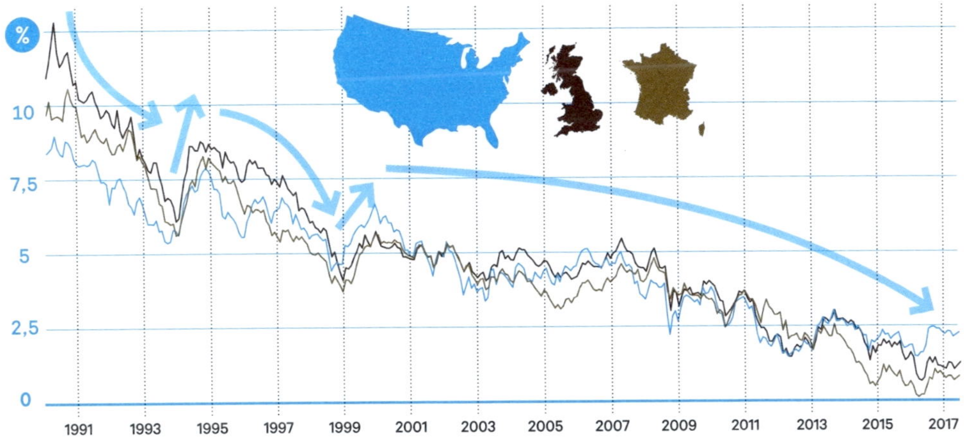

（来源：彭博社）
尽管美、英、法三国的经济周期、财政政策、货币政策各不相同，但是它们的国债利率的关联非常紧密，这是国际投资者套购交易的结果。

欧洲央行购买债券

次贷危机（2007年至2009年）和欧元区主权债务危机（2010年至2012年）来势凶猛，迫使包括欧洲央行在内的中央银行纷纷采取特殊措施。较低的长期利率有助于提振经济，为此，央行实施了庞大而持久的债券购买计划，从而达到降低利率的目的。2015年至2017年，欧洲央行购买了近2万亿欧元的债券。该政策使债券的需求量高于供应量，债券价格上升，导致其投资回报率下降，即长期利率降低。长期利率是一个具有参考性的指标，公司和家庭的贷款利率也步其后尘。

为什么2016年7月法国10年期OAT利率仅为0.1%?

2016年的情况非常特殊：法国10年期OAT利率于2016年7月初探底0.1%。为什么政府能够以几乎零成本得到10年期的资金？为什么投资者基本放弃了收益？

一系列因素造成当时的情形：就欧洲的短期利率而言，市场对贴现率的预判是走低（原因是英国于6月底通过公投，决定脱离欧盟），当时的贴现率为0%；人们对风险的厌恶极高（英国脱欧后，欧洲将面临怎样的未来？）；通货膨胀程度极低，导致通货膨胀溢价走低；欧洲央行每月购买价值800亿欧元的债券，且大多为政府债券。

金融市场上有哪些需要理解的概念？

金融资产的价格波动频繁。股票的价格、市值每天都在变化……我们可以将其理解为企业的收益增多或减少了，但是这并不是唯一的解释。股票的市值还会受到投资者行为的影响。他们可用于投资的钱变多了还是减少了？他们的态度是乐观还是悲观？

为什么金融资产的价格起伏不定？

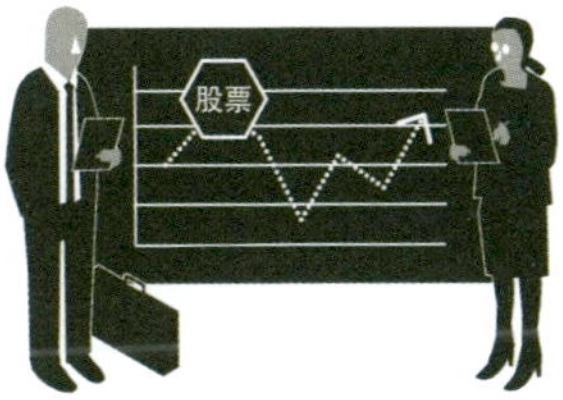

这是股票的每年价格起伏的平均值。

两个原因造成金融资产的价格起伏：金融资产的供应量和需求量存在差距；对收益能力的期望或公司的财务状况发生变化。

供应与需求的差距

如果市场对一家企业的金融资产的需求量在某一时刻超过了供应量——该现象有时无关乎公司的经营状况，那么它的股价会上涨，企业的贷款成本将降低。同样的情况还会出现在投资者态度乐观、决定承担更多风险的时候——购买股票的人数骤增，股价上涨，大量投资者抢着借钱给企业，企业的贷款成本随之降低。

预期的变化

股票或债券的价格与企业过往的业绩无关，主要取决于未来的表现。假设一家企业的股价为100欧元，预期股息为3欧元，并且为了简便起见，我们以一年为期限。现在，该企业对外宣布即将赢得一份大合同，其盈利有望在一年后翻倍。

» 投资者预期企业股息也会翻倍（然而这并不是一定的）。该股票的初始回报率为3%（3欧元/100欧元），它的最新股价将来到200欧元（回报率仍为初始的3%，6欧元/200欧元=3%）。

股票或债券的价格与企业过往的业绩无关，主要取决于未来表现。

» 如果该企业的一年期债务利率为1.5%，比无风险的利率高出1%。在投资者看来，最新签下的业务合同将为公司带来大笔收入，因此该公司几乎没有倒闭的可能性。那么，债务违约风险下降，投资者要求的利率将向无风险金融资产的利率（0.5%）靠拢。

因此，投资者无时无刻不在观察一个国家、一个行业，或一家企业的形势，从而对企业未来的股息和偿还能力作出更好地判断。在金融市场上，投资者明确表达出他们的预期，而他们的预期也在不断变化中（反映在股价、利率的变化上）。此外，投资者还要衡量市场预期及对货币的需求（买入、卖出的限制），因为每时每刻都有人卖出或买入股票，金融市场就是这样形成的。如果出现实际情况与市场预期一致的极端情况，只要投资者不对股价有异议，股价就不会变动。 ▶

美国股市：股价飞涨是由泡沫造成的吗？

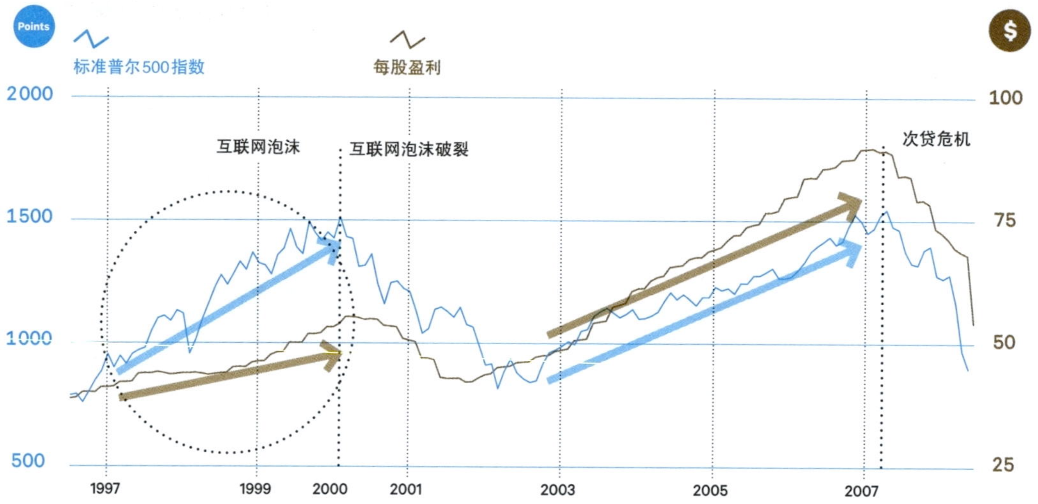

（来源：彭博社）

股市价格于20世纪90年代末经历一波腾飞，此次股市泡沫称为“互联网泡沫”。由于互联网时代到来，该时期股价的上涨与人们对长久以后的收益期望一致，而与实际收益相去甚远。1997年至2000年3月，股票市价上升了91%，每股盈利仅上升34%，市场参与者的期望落空，他们倍感失望，因此股价发生了明显的回调。

21世纪初的股价暴涨并未被认为是“市场泡沫”，因为股票市价与盈利同步上升（2003年至2007年，股价上升78%，每股盈利上升94%）。此后的股价回落并非对于非理性繁荣的修正，而是由被称为“次贷危机”的经济、金融危机造成的，股价狂跌并无市场泡沫破裂的因素。

什么是股票或债券的成交价？

从理论上说，股票的卖出者和买入者掌握相同的信息，但是它们对未来的预期各不相同。当供应和需求价格相等时，便达成了市场上一致认可的价格，我们称其为“成交价”。然而，市场预期一旦改变，该价格也会变化，因此成交价只在一瞬间有效。

预测未来，很难！

每位市场参与者都有自己的预期，他们的信心程度不同，尽管他们实际的历史业绩可能比表面看起来更加接近（人的记忆是有选择性的）。市场上流传的信息已经转化为投资者预期，并体现在当时的股价上。如果股票在某一刻达到某个价格，这表示卖出者不

市场上流传的信息已经转化为投资者预期，并体现在当时的股价上。

认为能以更高的价格卖出了（他们认为股价不可能再高了），买入者也不愿以更高的价格买入（他们认为股价不可能再低了）。如果不止一个人，而是“所有人”都认为股价将上涨10%，那么这种预期会立刻体现在股价上。

什么是经济泡沫？

股票价格是未来预期股息的折现值，通过折现，我们将未来的收入与马上能得到的金额进行比较，比较的依据是利率或通货膨胀。以20世纪90年代末互联网行业的股价暴涨为例：尽管许多公司财务赤字，但是它们的价值仍在增长，因为投资者相信其股价在未来会猛涨，他们因此会获得更多股息。随着希望的破灭，股价于2000年至2001年暴跌。在这种情形下，股价的调整与人们的失望程度是一致的，股市可能走向崩盘。只有当泡沫破灭时，人们才意识到股价上涨因泡沫而起，否则永远会说，未来会证明我是对的。

一则好消息会让股价下跌吗？

回到刚才的例子：一家企业第1年的股息为3欧元，由于第2年的期望股息为6欧元，因此股价上升为200欧元。如果企业在第1年结束时宣布，因企业盈利增长，明年的股息可上涨为5欧元，而不是3欧元。这个“好”消息一公布，股价将下跌至167欧元（3% = 5€/167€），其原因是：一方面，如果每股股息的期望值为6欧元，那么股价会从100欧元上升至200欧元，而实际公布的股息却没有达到人们的期望。另一方面，就企业债务而言，这个“好”消息使企业债务违约的风险降低，但其程度不如预期，因此，当消息宣布的时刻，债券利息将向上回调。

在金融市场中，对于金融资产的价格波动，相关数字与过去相比是好是坏并不重要，它与投资者期望的距离（意见一致），才决定了消息公布那一刻的价格。如果好消息与预期一致，也就是好消息相对中立，那么股票、债券的价格都不会改变。因此，一个相较于预期更好的消息才会改变公司金融资产的估价。

购买金融资金，是购买投资者对企业收益的期望。买入（卖出）前，需要调查股票价值中投资者预期所占的成分。因为如果会导致买入（卖出）行为的好（坏）消息已经公开，那么股价中已包含了这部分，投资者得不到额外的收益（规避不了什么损失）。

金融

如何构建投资组合？

想获得收益，必定要承担风险。为了判断自己对风险的承受能力，每位投资者都需要认识自己对风险的态度，以及这笔投资将来有什么用途。

多样化

多样化是投资组合管理的首要法则。因此，投资管理专家需要遵循多条原则。

不同的金融资产

在选择金融资产时，要选择在同一经济周期中表现不同的金融资产（股票、债券、货币资产），这能帮助我们对抗市场变化的冲击，甚至在风险程度较高的经济周期中获利。在经济学家的细心帮助下，金融资产的经理人能时刻掌握全球的经济、金融环境，以及投资组合中每一家企业所面临的风险，因此，他们能迅速调整投资组合中的资金配置，在不同的金融资产或行业之间转换。

多元的股票投资组合

在配置资产组合时，股票经理人会做到产业和地理层面的多元化，他们会选择这样的公司。

- 在同一经济周期中有不同业绩表现的公司（“周期性”股票与“非周期性”股票）；
- 在同一市场趋势下走势相反的公司（“进攻型”股票在经济上升时期表现优异，而“防御型”股票在经济下行时期受到的影响较小）；
- 处于不同发展阶段的公司（如果一家 ▶

多类型的金融资产

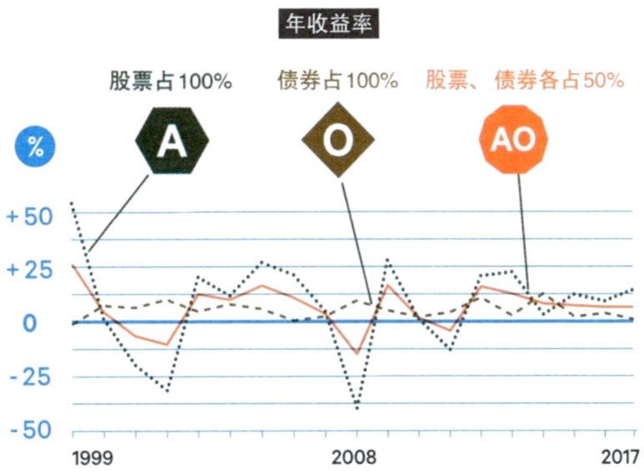

同时持有股票和债券，可以降低投资组合的贬值风险，但是必须以放弃更好的业绩表现为代价。当股市处于下行阶段（经济增长放缓、金融危机），债券的价值会上升（因为利率降低），因此，在同一投资组合中，债券能在一定程度上弥补股票造成的损失。

跨行业的金融资产

每年价格变化（1999年至2017年）

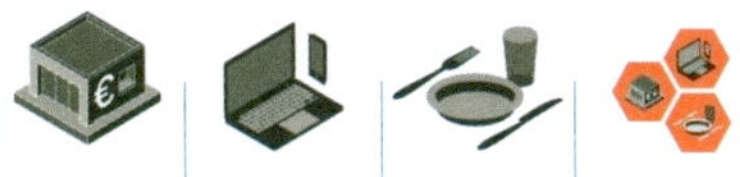

	银行业	新兴技术产业	食品业	多行业
平均收益率	1%	8%	7%	3%
标准差风险	25%	40%	15%	21%
最高收益率	47%	135%	31%	47%
最低收益率	-64%	-57%	-30%	-44%

多种行业的组合，可以平衡投资者所面对的大环境风险（例如金融环境、经济周期）及特定风险（例如技术变革）。尽管这种投资组合的回报更低（平均收益率、最高收益率较低），但是它的风险也更低（年化标准差、最低收益率较低）。

（来源：彭博社、部分数据由作者统计）

企业已有成功的产品和成熟的市场，它能提供高股息，但是股价上涨的可能性很小，而正在开发产品和市场的成长型企业则相反）。

投资组合的风险程度和特点，总是与投资期限以及投资者可接受的风险息息相关。

股票投资

我们提倡把股票作为一项长期投资。假设投资期限为10年，在一个已成立25年的股票市场中进行投资，并且每年的股息继续投入。每年年底，我们来比较10年期投资的回报，这样我们可以得到16个数据，即2001年（于1991年开始投资）至2016年（于2006年开始投资）期间，每年都可得到一个10年期收益率的数据）。历史上有三个格外艰难的阶段：互联网泡沫破裂（2000年9月至2003年3月，暴跌65%）、次贷危机（1929年以后最严重的金融危机，2007年6月至2009年3月，暴跌60%）、欧元区主权债务危机（2011年2月至9月，下跌33%）。

尽管如此：

» 10年期收益率的平均值为90%；

» 10年期收益率的中位数为72%，即有50%的可能性是获得比它更高的收益，另50%的可能性是收益不及该数字；

» 相较于同时期的消费价格变化，10年期平均收益率高出了73%，并且在16个数据中，12个高于通货膨胀，仅4个低于通货膨胀。

当然，过去的收益并不代表未来的收益。

不同的风险下能获得怎样的回报？

现时偏好

储蓄是一种放弃行为，即放弃了眼下的消费机会，放弃了眼前的幸福。如果储蓄的收益更高，储蓄者未来能获得更多幸福感，那么他会更愿意这么做。因此，投资者对当下的偏好程度决定了他对收益能力的要求。

未来的通货膨胀

储蓄是为了未来的幸福生活，所以投资者总是希望获得的回报至少与物价的上涨持平，这样才能维持现有的购买力。因此，投资者对商品及服务价格的预期决定了他对收益能力的要求。但所有投资行为都需面对通货膨胀的风险，因为金融资产的收益率并不与投资期内的物价上涨挂钩（唯一的特例是法国政府发行的可整合型通胀指数国库券，法语缩写为OATi，其中字母i代表通货膨胀，烟草除外）。

流动性

如果投资者知道他可以随时卖出所持有的证券，取回自己所投入的资金，那么他对投资收益的要求将不那么高，因为他不必等待，也不存在为了满足购买者而大幅降低金融资产

金融资产的分级

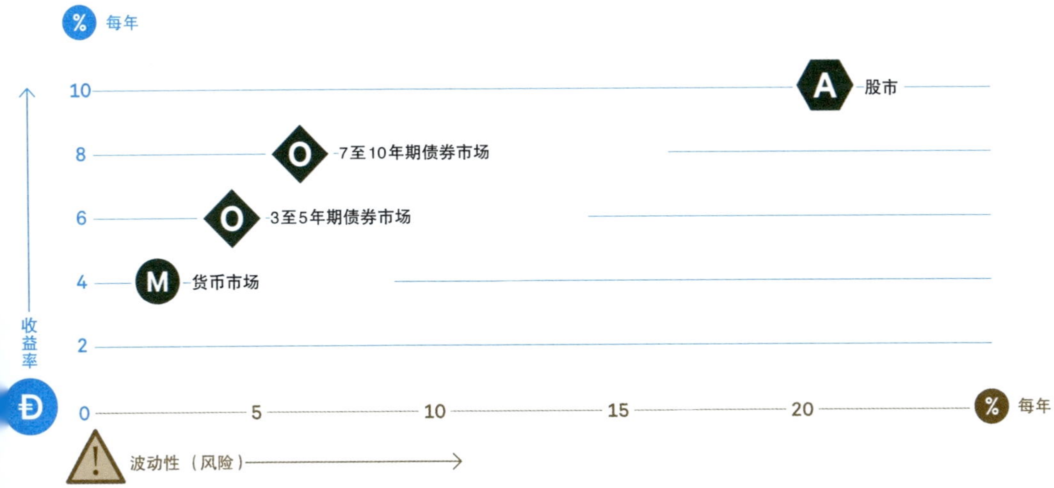

（数据由作者统计）

金融市场上，如果一项金融资产的损失风险越高，那么它的收益率将比无风险利率高出越多。股票的风险高于债券，但是它的平均收益率更高。

价格的风险。金融市场上的资产比非金融资产（例如房产）更具流动性，因为任何时候，投资者都能找到购买者，并且不必以低价脱手。

金融资产价格下跌

如果投资者需要面临金融资产在投资期内的价格走低，甚至全部损失的风险，那么他对投资回报的要求将会更高。

把钱存入储蓄账户（活期存款账户、定期存款账户等）的风险接近于零，或等同于零。如果银行倒闭，储户可获得最高10万欧元的赔偿。政府还会赔偿限额储蓄账户中的所有存款。

债券的风险略高一些。债券的到期日（收益期限）越远，债务违约（不偿还）的可能性越大，那么债务的风险就越高。股市的风险更大，因为当公司破产时，其股票的市价可能化为乌有。我们用“波动性”来描述股价下跌的风险。如果股价的波动性越大，那么它的变化幅度就越大，股票贬值的风险也越大。

在金融市场上，如果投资者不能承担这些风险，那么他能获得的收益率将不会超过无风险利率。金融资产的收益能力反映了它们的风险程度。如果投资者根据回报率选择金融资产，那么他也能够认识自己对风险的承受能力。然而，还有一个更大的风险——过去经历过的风险并不能帮助我们预测未来将发生的风险。

为什么美国的失业率会影响法国的房产市场？

为了分析法国的利率，我们需要研究的不止是欧洲的经济、金融环境。因为，从近几十年的数据来看，国际因素对法国长期利率的影响大于国内因素，例如，欧洲中央银行的贴现率、法国的通货膨胀、经济增长或公共财政状况。

为什么？

法国的房产市场在很大程度上受信贷成本影响，而后者取决于法国政府制定的贴现率。国内、外因素都决定了投资者期望从法国国债上获得的利率。海外投资者也可购买法国国债，所以在全球资本市场上，法国国债与其他主权债务一同竞争。如果全球利率上升，那么法国国债利率必须跟进，才能继续吸引投资者。因此，决定法国长期利率的主要因素之一就是美国实行的长期利率，而后者在很大程度上受美联储（美国的中央银行）的贴现率的影响。美联储也会根据它的目标来制定贴现率，尤其是维持在2%的通货膨胀率，以及平衡的就业市场。其结果是：如果美国的失业率下降，那么美联储将提升贴现率，这会体现在美国长期利率的变化上，从而间接影响到法国的利率和房贷成本。

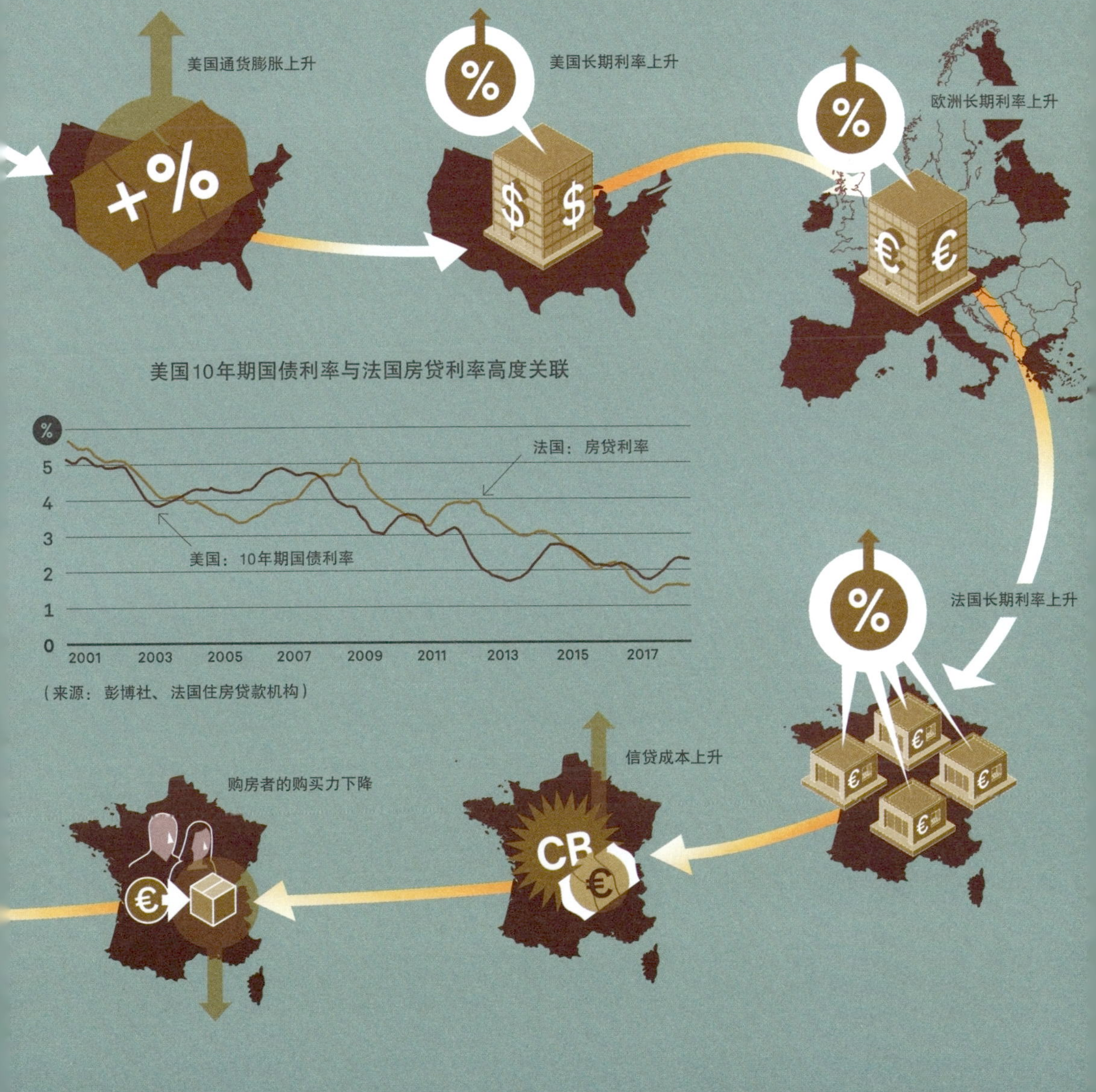

（来源：彭博社、法国住房贷款机构）

谁决定了欧元的价值？

与商品、服务、金融资产的价格一样，欧元的价值不是人为制定的，而是市场决定的！在外汇市场上，欧元的供求关系决定了它的价值。

谁管理欧元的外汇政策？

《欧联条约》（*Le traité sur l' Union* 第219条规定，各个成员国的金融部部长组成的欧盟经济及财政事务理事会（Ecofin）掌握欧元的外汇政策方向，欧洲中央银行可向它提出建议。

欧洲央行没有外汇方面的指标。不过，一旦它的终极目标——控制通货膨胀受到了威胁，它可通过购买或出售欧元的方式直接介入外汇市场。2000年至2001年，欧元大幅贬值，使进口商品的价格抬高，威胁到欧元区的价格稳定，因此欧洲央行购买了大量欧元，并出售其他货币。

各家大型央行都致力于维护全球金融市场的稳定，不希望发生汇率战争。因此，为了维护央行之间的合作，它们还会以相对间接的方式来影响本币的汇率，即调整本币的利率和流动资金量，欧洲央行亦是如此。

如何介入？

为了介入外汇市场，央行可以从自己的外汇储备着手，或者采取货币扩张政策（公民不需为此买单，因为央行自己就能发行货币），又或者通过口头的方式（央行具有相当的公信力，只需宣告介入外汇市场，就能起到引导投资者、影响汇率的作用）。现实中，这些做法产生的效果各不相同。

世界货币，听上去很有趣？

强势的货币在全球范围内使用，但它们的使用程度不一，有些可为商品或金融资产计价（货币本位制），有些可作为结算货币或储备货币。虽然欧元的趋势受美元主导，但是欧元还是一种年轻的货币，我们可以期待它在未来与美元抗衡。作为世界货币，美元的需求量很大，因此美国很容易填补贸易逆差，这就是美国得到的好处！

如何预测汇率走向？

预测汇率走向的依据是贸易流量、货币政策、信心程度等。和所有金融资产一样，货币价值已反映出此刻在市场上流传的信息。因此，只要市场出现不同的预期，我们就能通过目前的汇率来预测短期趋势。例如，如果我们预测到一个尚未影响汇率的风险，并且它会引发投资者对该国的信任危机，那么抛出该货币对我们更有利（英国通过脱欧公投，人们对此始料未及，引发英镑大幅贬值。因此，在英国公投前出售英镑是明智的选择）。

什么是强势货币？

每家大型央行都试图将本币打造为强势货币。“强势”与货币的高价无关，而是指其稳定性，即不需要通过高利率或其他介入方法来维护它的价值。尽管欧元是一种年轻的货币，但是从各种标准来看，欧元可以被认为是一种强势货币。

什么是“合适”的汇率？

确定一种货币的价值被高估还是低估了，这是一道难题。首先，经济学理论对“均衡汇率”有多种解释（例如，使一国与另一国的购买力相同的汇率、不影响该经济体的金融平衡的汇率）。另外，均衡汇率也在不断变化中。

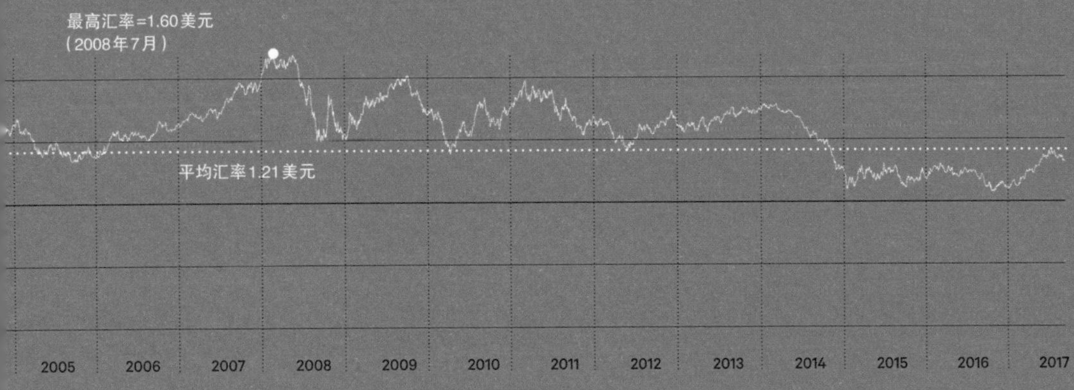

数据：彭博社

为什么采用欧元？

既然汇率变化能带来经济利益，那么为什么要实行欧元制，将某些欧洲国家之间的汇率固定呢？从经济角度来说，人们认识到货币的无序、各国之间的不合作（例如降值）有损于欧洲的经济增长和就业市场。有了这样的认识，欧元便诞生了。

意大利里拉对德国马克

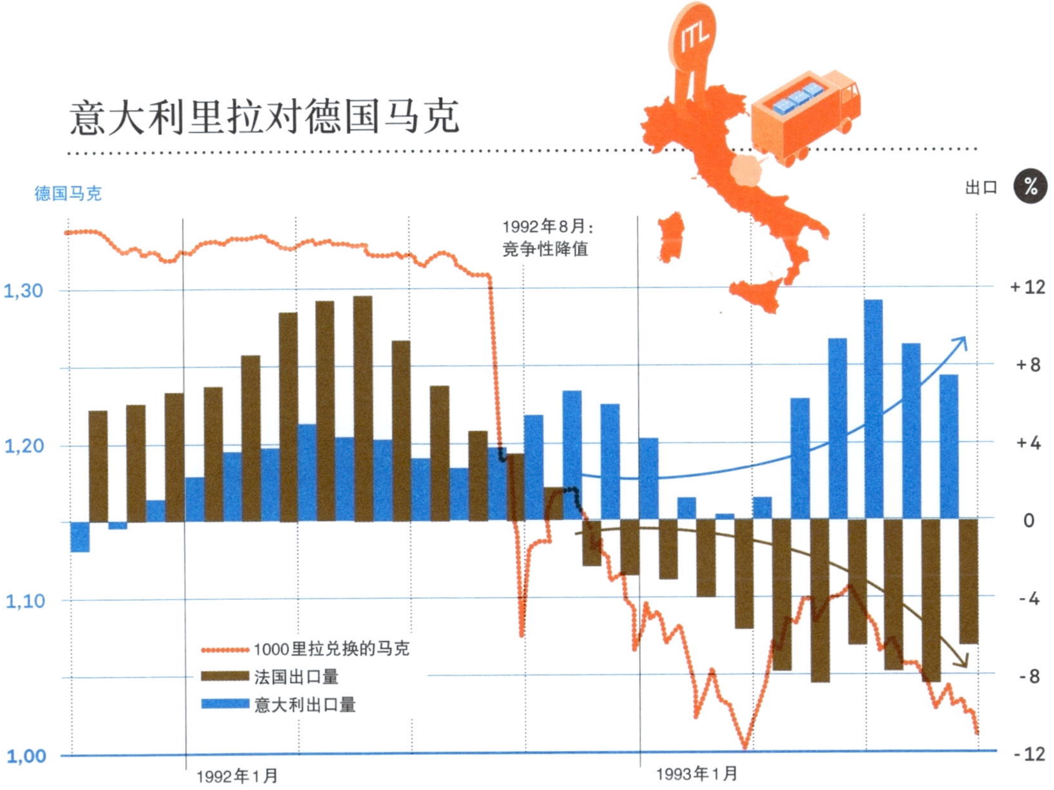

（数据：国际货币基金组织）
1992年，意大利里拉对当时欧洲的基准货币——德国马克大幅降值，这一竞争性降值行为导致意大利的商品价格下降：由于里拉的价格较低，购买意大利的产品所花费的马克较少。意大利损害了法国在内的其他出口国的利益，但使本国的出口得到了好处，

经济利益

在这样的环境中，采用固定汇率的好处有哪些？建立购买力平价、实行统一货币的优势在于：

» 因货币兑换产生的交易成本成为过去，人们能更好地对比价格，这是提高购买力的基础；

» 以一种波动较小的货币作为债务的标价单位，因此可以以更低的利率贷款，对经济增长有利；

» 建立庞大的资本市场。欧元逐渐成为一种基准货币，未来可与世界货币霸主美元抗衡。

对法国的经济增长起到保护作用

次贷危机（2007年至2009年）、欧元区主权债务危机（2010年至2012年）期间，由于欧元区内实行固定汇率，处于困境中的 ▶

国家没有采取竞争性降值行为——位于欧洲南部的国家曾经挥霍无度（房产泡沫、国家财政濒临破产），导致债务危机。这一次，他们对国家的内部因素进行调整（就业、工资、财政紧缩），而不是通过降值手段将经济危机输出，危害其他国家的利益。如果没有欧元的保护，法国将受到更严重的影响（利率上涨、失业率上升、财政紧缩等）。

更易筹集资金，有利于经济增长

欧元区国家的联合，形成了庞大的资本市场，企业不必再以国际投资者指定的货币（例如美元）进行贷款。

此外，自实行欧元制以来，以欧元为货币的民间借贷市场形成，为公司融资创造了便利。尽管该市场还需完善，尤其对于中小企业，但是它提供了银行信贷以外的另一种融资途径。1999年以前，欧元还不是金融交易的货币，在非金融机构的贷款中，来自银行之外的贷款占25%，该比例在2005年已上升至45%。

此外，市场对以欧元标价的债券的需求量非常大。以法国国债为例，2016年，非欧盟居民所持有的比例为60%，超过2000年的28%。欧盟委员会（la Commission européenne）通过建立资本市场联盟（Union des marchés de capitaux，UMC），促进欧元区内的资金流通，并为经济增长提供资金支持。

自实行欧元制以来，以欧元为货币的民间借贷市场形成。

欧元制还不“彻底”

罗伯特•蒙代尔（Robert Mundell）的“最优货币区理论”指出，如果两个地区在经济周期的变化上步调一致，那么它们将从统一的货币制中获益。然而，类似的情况极少出现，例如，美国各州或法国各省的经济特点就各不相同（专长行业、地理特点等）。虽然一个货币联盟内不会出现汇率浮动，但是会出现其他调节杠杆。

第一种：劳动人口流动

理论上，如果一个地区的经济发展乏力，那么当地失业者会流向经济发展良好的地区。前者的失业人口会减少，而后者的经济发展将更持久。虽然劳动人口的流动性始终很低，但是从长远来说，这将造成劳动力资本集中在某个地区，最终损害周边地区的经济发展。

第二种：责任连带

另一种调节机制是，货币联盟成员之间的连带关系（当一国内存在明显的区域差异时，就会出现该现象，例如，美国和法国）。一个发展迅猛的国家的经济收入转移至另一

欧元的好处

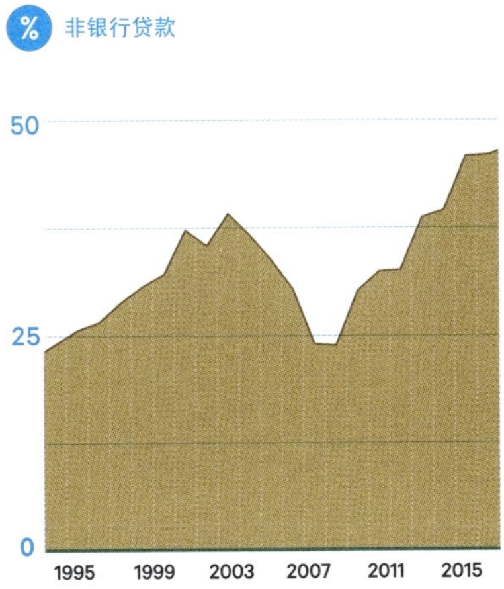

（数据：欧洲中央银行）

欧元资本市场形成后，企业获得越来越多的资金：融资便利性提高，有助于促进经济活动、经济增长和就业市场。

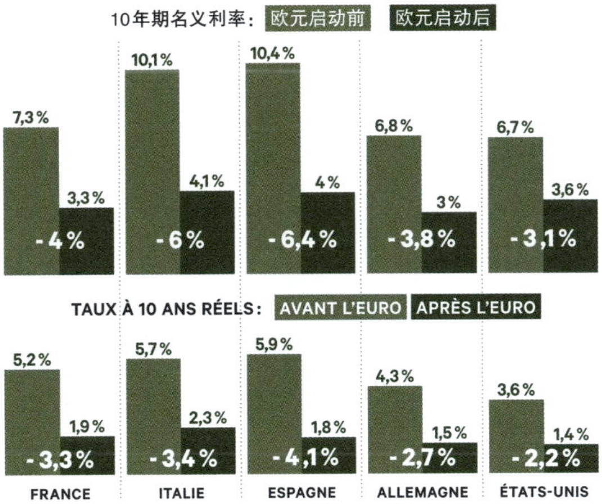

（数据：彭博社）

欧元启动后，法国、意大利、西班牙的名义利率和实际利率下降，且降幅超过德国和美国，这意味着为了支持经济活动而筹资的成本降低了。这就是实行统一货币、消除汇率风险的好处。

个国家，会使后者有能力应对社会支出上涨的问题，或者重启财政预算。因此，有必要采取整个货币联盟共同的财政预算，建立责任连带体系。

自启动以来，欧元制实行得不够彻底，也就是其调节体系的力量还不够。与其说制定整个联盟共同的财政预算，或者建立各国之间的责任连带体系，不如说这些经济政策的目的在于降低地区经济差异。大多数政策都以此为目标，例如，欧洲地区发展基金（le Fonds européen de développement économique et régional，Feder）。2015年以来，欧洲实行“欧洲投资计划”，即“容克计划”（plan Juncker），目的是加强私人资本在欧元区的跨国流动，大力发展金融体系。

当危机爆发时，金融上的责任连带体现的尤为明显，这就是多米诺骨牌效应。深陷主权债务危机的葡萄牙、爱尔兰、希腊接受了有条件的金融援助。自21世纪初期运行的欧洲稳定机制（European Stability Mechanism，ESM），目的就是帮助在国际金融市场上受困的国家走出困境。

欧元区还是一个年轻的统一货币区。它希望通过设立欧洲财长一职来促进经济运作，获得更多欧元区预算，以及更有效的成员国责任连带机制，这些计划都在推进中。

金融

金钱如何在全球流动？

除了商品和服务的流动，全球资本流动（非银行）也具有鲜明的特质：一种是外商直接投资（Foreign direct investment，FDI），其特点是投资期限长，投资者与受资者之间的关系稳定；另一种是间接投资，它的投资周期较短，但波动性明显增大。

外商直接投资

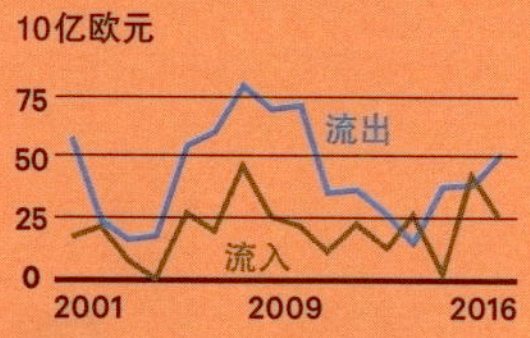

通常来说，在一项外商直接投资的项目中，外商至少拥有本地企业10%的股份，或者享有决策投票权，否则应当被认为“间接投资”。

间接投资

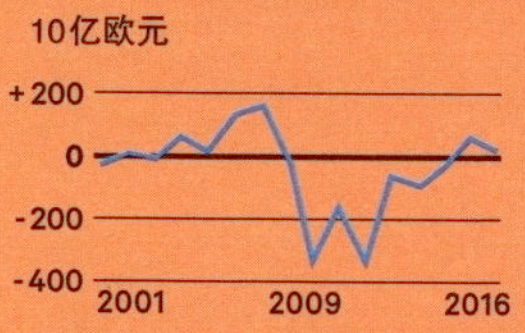

相较于外商直接投资，间接投资的波动性更大，而且表现出“趋向于经济周期”的特点。在经济活跃时期（例如2006年至2007年），间接投资积极参与项目融资，而当经济发展衰弱，甚至走向危机时，间接投资相当疲软。次贷危机后期（2009年）及欧债危机期间（2010年至2012年），法国失去了3000亿欧元的间接投资，占GDP的17%。

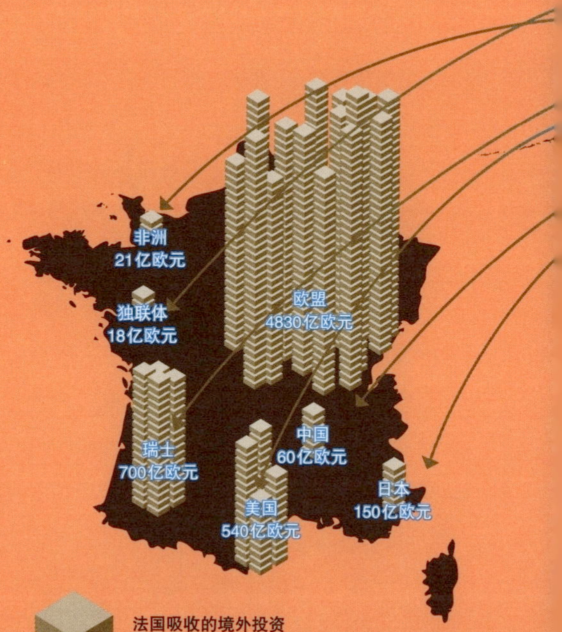

（数据：法国银行、世界银行）

法国对境外的投资

法国吸收的境外投资

2016年，法国的外商直接投资为750亿欧元，相当于GDP的3.5%。其中，流出量为500亿欧元（占GDP的2.5%），流入量为250亿欧元（占GDP的1%）。

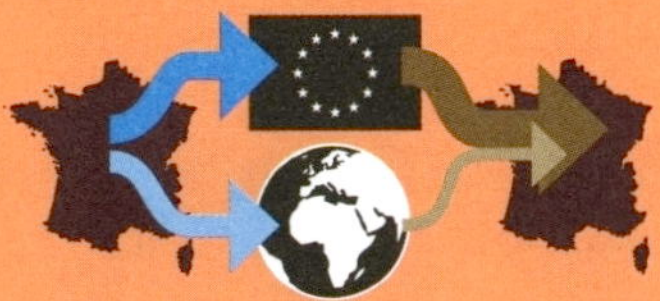

欧盟国家是法国重要的投资伙伴：法国在境外的直接投资中，56%去往其他欧盟国家；而法国吸收的外商直接投资中，75%来自其他欧盟国家。

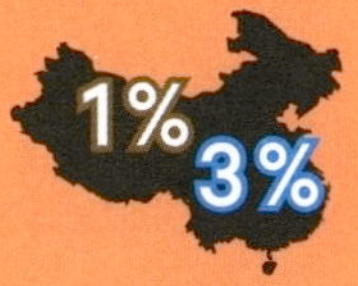

与之相反的是，2000年以来，虽然法国与中国之间的投资大幅增长（中国对法国的直接投资增加了60亿欧元，法国对中国的直接投资增加了350亿欧元），然而中国仅占法国投资的一小部分，比例分别为：不足1%、约3%。

截止2016年，法国在境外的直接投资为1.2万亿欧元（占GDP的60%），而2000年年底，该数字为4000亿欧元（占GDP的22.5%）。期间，法国吸收的外商直接投资增长了3倍多（2016年为6600亿欧元，2000年为2000亿欧元）。

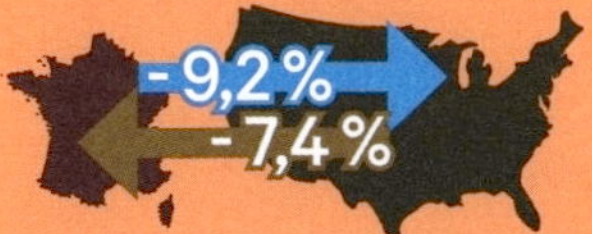

2000年以后，尽管法国与美国仍然维持着绝对的投资伙伴关系（尤其是流出量，达到了2300亿欧元，几乎占全球的20%），但是投资量却降低了不少。

法国与非洲及独联体的投资关系也增长了，尤其是法国对这些国家的投资（2000年至2016年，分别增加了400亿和250亿欧元）。不过，它们占法国全球直接投资的比例仍然很少（非洲：不到4%；独联体国家：略高于2%）。

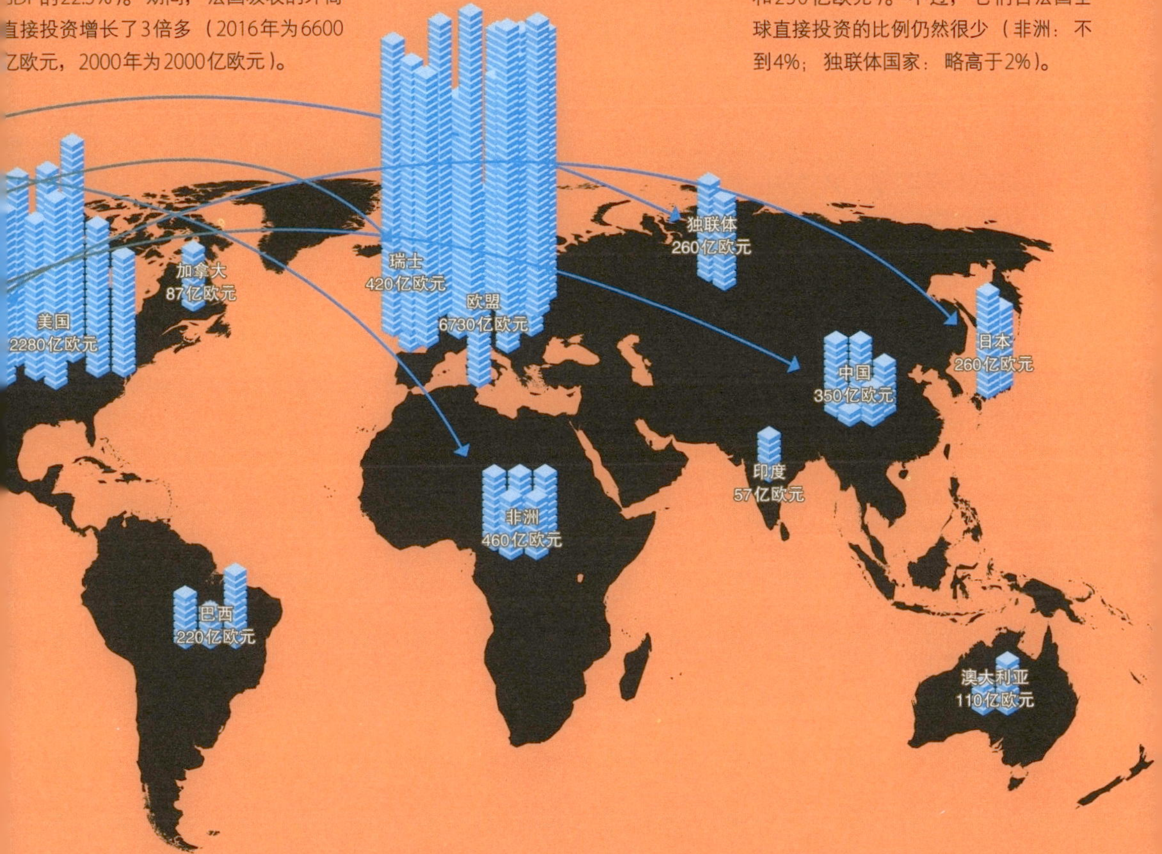

图书在版编目（CIP）数据

图解趣味经济学/（法）西尔万·巴利哈切，（法）扬·坦佩罗，（法）塞德里克·泰利耶著；徐敬周译．—武汉：华中科技大学出版社，2020.9

ISBN 978-7-5680-6318-0

Ⅰ.①图…　Ⅱ.①西…　②扬…　③塞…　④徐…　Ⅲ.①经济学－通俗读物　Ⅳ.①F0-49

中国版本图书馆CIP数据核字（2020）第115065号

Original Title: *L'Économie en Infographies*
Authors: Sylvain Baillehache Yann Tampéreau Cédric Thellier

湖北省版权局著作权合同登记　图字：17-2020-112号

图解趣味经济学　[法] 西尔万·巴利哈切 [法] 扬·坦佩罗 [法] 塞德里克·泰利耶 著
Tujie Quwei Jingjixue　徐敬周 译

出版发行：华中科技大学出版社（中国·武汉）　电话：（027）81321913
北京有书至美文化传媒有限公司　电话：（010）67326910-6023
出 版 人：阮海洪

责任编辑：莽　昱　李　鑫
责任监印：徐　露　郑红红　封面设计：邱　宏

制　作：北京博逸文化传播有限公司
印　刷：艺堂印刷（天津）有限公司
开　本：720mm × 1020mm　1/16
印　张：10
字　数：60千字
版　次：2020年9月第1版第1次印刷
定　价：79.80元

华中出版

本书若有印装质量问题，请向出版社营销中心调换
全国免费服务热线：400-6679-118　竭诚为您服务